Doigt donneur

Du même auteur :

Un Tour du Monde Presque Parfait
Au nom du « Che »
Vices cachés.com
Mort sans âme
Une croisière impitoyable

Louis LANGLOIS

Doigt donneur

Roman

ISBN : 978-2-9545473-6-7

Dépôt légal : 4° trimestre 2015

A

Nicole, ma femme,
infatigable correctrice
Éric et Véronique
Vincent et Karine
Laurent et Christel
Jérémy, Émilie et Dylan
……...que j'aime

Première partie

Le Glas du week-end

Rancard hot

Sébastien venait à peine de quitter sa blouse blanche que son portable vibra un court instant dans la poche de son jean. Il ferma soigneusement la porte de son laboratoire en tapant son digicode sur la serrure. Il y avait bien Milord, le gardien qui surveillait cette partie de la fac de médecine, mais il ne pouvait pas être partout à la fois. Il descendit les trois étages qui le séparaient du rez-de-chaussée et retrouva sa Golf GT qu'il aimait tant conduire. La peinture verte métallisée luisait sous les derniers rayons du soleil qui balayaient le parking. Il s'installa au volant, ajusta sa ceinture de sécurité et, avant de démarrer, il se souvint avoir reçu un message sur son GSM.

Il esquissa un large sourire. Sur l'écran, il découvrait une jeune femme aux grands cheveux bruns qui glissaient de part et d'autre d'un décolleté presque indécent. Il laissait apparaître une poitrine généreuse débordant d'une blouse vaporeuse. Le « sexfie » avait été réalisé de façon à ce qu'il ne puisse pas distinguer le visage de la belle. En effet, celle-ci avait tourné la tête vers le sol, au moment du cliché, de sorte qu'il ne pouvait voir que le haut de son crâne. La correspondante avait accompagné ce portrait énigmatique d'un petit mot lui fixant un rendez-vous à dix-neuf heures au Grand Café, en plein centre de Bordeaux. Il chercha quelques instants à deviner qui pouvait bien lui adresser un tel message chargé de promesses, mais sans succès. Il démarra.

Il sortit du parking du Campus de Carreire particulièrement déserté en cette fin d'année universitaire. Depuis déjà plusieurs semaines, les étudiants en médecine avaient quitté les lieux pour réviser leurs examens dans les jupes de leur mère, pour les plus sérieux, et sous celles de leur copine pour les autres. Ah ! oui, c'est vrai, il ne pensait qu'aux garçons. Les filles étaient, dit-on, beaucoup plus studieuses. À voir...

Il jeta un coup d'œil au cadran de la montre du tableau de bord. Elle affichait dix-sept heures trente. Il avait le temps de rentrer chez lui, rue Lachassaigne, pour se faire beau et sortir de son image de chercheur en génétique appliquée. Tout un long week-end de quatre jours, Quatorze Juillet inclus, pour oublier ses petites pensionnaires qu'il avait chouchoutées avant de les quitter. Ses souris avaient même droit à un éclairage programmé pour s'entraîner sur leurs pistes rotatives le jour et s'endormir paisiblement la nuit. Rien ne devait dérégler leurs rythmes naturels.

Devant la porte de son immeuble, les places de stationnement étaient légion contrairement aux autres jours de la semaine où il devait tourner inlassablement avant de se garer. Les Bordelais étaient tous partis chercher un peu de fraîcheur sur les bords du Bassin d'Arcachon ou sur les plages de l'Atlantique. Lui, il préférait rester dans sa ville. Il ne concevait pas de faire trempette dans l'eau un peu glauque du Pyla ou dans les baïnes assassines de la côte landaise.

Il grimpa deux à deux les marches de l'escalier qui

donnait accès à son appartement du premier étage. En ouvrant la porte, il pensa à Olga, sa propriétaire, une vieille fille maintenant très âgée, qui habitait sur le même palier. Il l'imaginait l'œil rivé sur son judas afin de deviner avec quelle copine il rentrait. Quand c'était le cas, il était sûr d'entendre, dès le lendemain matin, des réflexions du genre : « J'ai bien dit que je louais exclusivement à des célibataires » ou encore : « pas discrète la cocotte, vous pourriez trouver des oreillers moins expressifs ». Ce à quoi il répondait inlassablement en arborant un sourire hypocrite : « il faut bien que ma jeunesse se passe et que je fasse quelques rencontres pour conserver ma bonne humeur ». La femme tournait alors les talons en grommelant des paroles inintelligibles et s'enfermait dans son « chez-elle », comme elle avait l'habitude de dire. Parfois il la croisait dans les escaliers, le matin en partant au travail. Il était souvent pressé, mais elle n'en avait cure. Elle lui racontait son enfance dans le quartier huppé des Chartrons où elle possédait encore quelques belles demeures. Elle encensait ses ancêtres armateurs qui livraient aux Antilles les esclaves nègres embarqués sur l'île de Gorée et revenaient les cales pleines de tafia ambré. Le rhum « Negrita », c'était un peu « elle ».

Il entra dans son salon et se dirigea tout de suite vers l'unique fenêtre qui donnait sur la rue pour ouvrir les volets. Il laissa les battants légèrement écartés pour aérer un peu la pièce. La canicule avait épargné cet endroit qu'il appréciait particulièrement. Il sentait encore un peu la cire que la femme de ménage avait appliquée sur le parquet au début de la semaine. Depuis qu'il avait été officiellement embauché à la faculté comme chercheur, il avait investi une partie de ses émoluments dans des meubles anciens et autres accessoires qu'il avait chinés dans les ventes aux enchères ou les vide-greniers. Les visiteurs ne comprenaient pas ce goût pour les vieilleries, mais il s'en moquait, il trouvait que ce style s'accordait bien avec les hauts plafonds.

Il prit une bouteille entamée de Sauternes dans le réfrigérateur de la cuisine voisine et s'en servit un petit verre qu'il vint déguster dans son canapé Chesterfield qui faisait face à la cheminée.

Il saisit à nouveau son portable et observa l'intrigante photographie. Une adepte du « sexting » qui joue la provocation avec lui, il n'avait pas l'habitude de ce genre de manipulation, mais pourquoi pas ? C'était amusant. Il vérifia une fois encore s'il pouvait rappeler la belle, mais peine perdue, le numéro n'apparaissait pas sur le « sexto ».

Son verre terminé, il gagna sa salle de bain, une grande pièce dans laquelle une baignoire émaillée, juchée sur des pieds torsadés, s'était égarée. Il ouvrit les deux robinets, vint s'installer devant le lavabo et entreprit de se raser. Deux fois dans la même journée c'était exceptionnel, il ne ferait pas ça tous les jours. Avant d'appliquer la mousse sur son visage, il se contempla quelques instants dans le miroir. Il caressa légèrement le haut de son front. Il lui semblait que sa chevelure brune, d'habitude si dense, avait tendance à se raréfier et il devina un premier intrus blanc, puis un second. « Pas déjà », pensa-t-il, « j'ai à peine trente-deux ans ». Il s'approcha de son reflet. De fines rides s'installaient maintenant aux bords et au-dessous de ses paupières. C'était bien la peine qu'il utilise tous ces produits anti-âge que lui vantaient les spots télévisés. À la réflexion, il devait posséder un gène « vieillissement » un peu trop dominant. Il décida de chasser ce cauchemar de son esprit et étala largement la crème sur ses joues et son cou.

L'opération rasage terminée, il vint se glisser dans l'eau tiède de la baignoire. Mais pourquoi donc les font-ils toujours trop courtes ? Il plia fortement les genoux pour descendre les épaules sous la surface. Pour le shampoing, ce fut pire encore. Il fallut qu'il passe les pieds par-dessus l'extrémité de son bassin pour immerger son crâne. Il avait dû hériter de ses parents des gènes qui le rendaient inadapté à un tel appareil. Quand il construirait sa maison, il en tiendrait compte.

Tout en se séchant devant le miroir, il releva les imperfections qu'ironiquement il lui renvoyait. Il tâta ses poignées d'amour et les trouva assez discrètes. Il contracta ses pectoraux et ses abdominaux et jugea l'ensemble satisfaisant. L'adepte du « sexto » n'aurait pas grand-chose à redire. Un peu de crème hydratante sur le visage, un soupçon de laque sur ses cheveux toujours légèrement humides et il partit s'habiller dans sa chambre. Il choisit une tenue à la fois chic et sportive. Il ne se voulait ni champion de karaté ni jeune futur époux en partance pour l'autel.

La Golf peina un peu pour démarrer. Il attribua cette saute d'humeur à la canicule qui sévissait encore. Comme le serinaient les présentateurs de télévision, aujourd'hui tout était causé par la chaleur. Les caténaires des trains se rompaient, les gens mouraient de soif et les bouches d'incendie s'ouvraient « accidentellement » pour rafraîchir les passants.

Il descendit la rue Judaïque et se gara à proximité de la Place des Grands Hommes. Un coup d'œil sur sa montre, elle affichait dix-neuf heures, mais elle avançait toujours un peu. Il hâta le pas dans la rue Montesquieu, rallia le Cours de l'Intendance et vira à droite. Le « Grand Café » était à deux pas de là, sur le Cours Clemenceau. La terrasse était bien garnie, mais il remarqua tout de suite la

13

longue chevelure brune d'une femme qui lui tournait le dos.

- Merci de l'invitation, dit-il avant même de l'avoir dévisagée, mais, ce n'est pas vrai, Nathalie, c'est toi qui me fais de la provoc ?
- Excuse-moi, répondit-elle en l'embrassant sur les deux joues, je voulais te faire la surprise...
- Pour une surprise... tu as réussi. Cela fait bien cinq ans qu'on ne s'était pas rencontrés.
- Depuis que j'ai quitté Bordeaux avec mes parents pour aller à Paris. J'y ai terminé mes études de gynéco et je travaille maintenant à Pessac. Je m'occupe en particulier des couples qui ont des difficultés pour engendrer des enfants à leur image, c'est à dire riches, beaux et intelligents.
- La procréation assistée. C'est un bon créneau, très à la mode depuis que les femmes ont décidé d'avoir des rejetons à l'âge de la retraite.
- Tu es encore mauvaise langue...
- Pourquoi changer ? Que veux-tu boire ?
- Un Mojito, c'est le plus rafraîchissant.
- Pour moi ce sera un demi. Si je commence au rhum dès maintenant, tu seras obligée de m'accompagner aux urgences avant la fin de la soirée.

Sébastien appela aussitôt le garçon et passa la commande.

- Tu es ravissante et je constate que tu as boutonné ta blouse...
- Et mis un soutien-gorge. Je ne fais rêver que les amis, je te rassure.
- Mais où est donc la jeune fille un peu prude qui repoussait assidûment mes avances ?
- Tu ne devais pas être assez convaincant. Peut-être

qu'à l'époque te satisfaisais-tu de conquêtes plus faciles ? Et puis les mœurs changent, les femmes sont plus entreprenantes.

– Le GSM y est sans doute pour quelque chose. On communique dans tous les sens du terme. Mais comment m'as-tu retrouvé ?

– Un article dans la Revue de Médecine Interne.

– J'ai en effet publié un résumé de mes travaux sur le génome de la souris. Mais cela ne me dit pas comment tu t'es procuré mon numéro de portable.

– Très simplement : j'ai appelé le secrétariat de la fac, je me suis présentée et ils me l'ont donné. Il ne me restait plus qu'à faire mon « selfy » un peu osé. J'ai imaginé qu'ainsi tu n'allais pas me jeter tout de suite aux oubliettes.

– Tu as réussi puisque je suis là ! Je ne regrette pas, tu es encore plus belle qu'autrefois.

– Merci. Toi, tu n'as pas changé. Toujours charmeur.

– Voilà notre commande.

Pendant près d'une heure, ils évoquèrent la période qu'ils avaient vécue à la fac, pendant leurs études de médecine. Les différents enseignants qu'ils avaient connus. Parmi eux il y avait les pédants, imbus de leur savoir, comme Jules Godin, un petit gros, méprisant et souvent grossier. Ils se remémorèrent Charlotte Lapierre, la prof d'anatomie dite « la bitte » parce qu'elle s'appliquait beaucoup lorsqu'elle dessinait des phallus. Ils se souvinrent aussi des étudiants de leur promotion qui exerçaient aujourd'hui, en majorité dans la région.

Lentement, la clarté ambiante déclinait et Sébastien suggéra à sa consœur d'aller dîner au Makila Kafé, sur les quais de la Garonne. Dans un cadre agréable, ils savourèrent un foie gras de canard et une omelette aux cèpes accompagnés d'un Grave un peu jeune, mais fruité et long en bouche. La conversation prit rapidement un tour professionnel. Nathalie racontait les extravagances de certaines de ses patientes qui, sans utérus ni ovaire, désiraient tout de même enfanter. Elle en évoquait d'autres encore qui apprenaient, à la soixantaine, qu'il fallait obligatoirement des gamètes mâles pour féconder les ovules qu'au demeurant elles ne possédaient plus. Mais pourquoi le stock était-il aussi vite épuisé ? Les émissions télévisées de vulgarisation leur montaient la tête, faute de les instruire sainement.

Sébastien n'avait pas ce genre de problème avec ses petites patientes. Il étudiait les cellules embryonnaires de leurs souriceaux pour isoler, à partir de fragments d'ADN, les séquences chimiques auxquelles il pouvait conférer une orientation du comportement. Il pouvait ainsi affirmer que tel gène lambda était responsable de l'agressivité future de l'animal ou que tel autre induirait un penchant boulimique.

À telle forme moléculaire, il attribuait un détail physique, la couleur des yeux ou du pelage.

— Peut-être pourrais-tu m'aider à satisfaire les fantasmes de certaines de mes patientes ? Plusieurs m'ont demandé de pratiquer une insémination pour accoucher d'un garçon.

— Je constate que ta clientèle est cosmopolite. Tu dois avoir des femmes d'origine arabe ou indienne.

— Ne crois pas cela. Dans les riches familles de la région, on désire souvent un héritier. Et puis il y a les celles qui ont déjà eu plusieurs enfants de sexe féminin...

— Il suffirait de centrifuger du sperme et de prendre le surnageant pour obtenir un mâle et le culot pour une femelle. Je l'ai fait et ça marche... chez les souris. Alors, pourquoi ne pas effectuer la même opération avec du matériel humain.

– Tu ne serais pas un peu macho ?

– Pourquoi ?

– Les mâles au-dessus et le culot pour les femelles ?

– Désolé, mais le chromosome Y est plus léger que l'X ! En ce qui concerne le culot, j'enfonce une porte ouverte.

– Je blaguais, bien sûr. Je tenterais bien le coup.

– Le mot est bien choisi. Envoie-moi le prélèvement, je ferai la centrifugation.

– En toute discrétion. Je ne suis pas sûre que, d'un point de vue éthique, tout ceci soit du goût de nos politiciens tatillons.

– Ce n'est que du tri ! Il n'y a dans cette action aucune manipulation génétique. Rien qui puisse choquer ces donneurs de leçons, qui repoussent tous les jours un peu plus, les limites de la décence.

– Pas tous.

– Non ! mais certains, que je ne citerais pas, ont étalé au grand jour ce que beaucoup n'avoueraient même pas dans un confessionnal.

– Tu ne serais pas un peu du genre coincé ? Tu me fais peur !

– Je ne vais pas te prouver le contraire ici. Avant de nous envoyer en l'air, je t'invite à danser dans la salle voisine.

– Je préfère cela.

– Décidément la jeune fille d'antan a pris ses pulsions en main.

– Ce sera à toi d'en juger.

– Tes patientes ont dû te confier beaucoup de leurs secrets d'alcôve. C'est moi maintenant qui crains de ne pas être à la hauteur.

– Excuse-moi de revenir sur le tri dont tu parlais. Ne pourrait-on pas sélectionner les ovules et les spermatozoïdes sur d'autres critères que le sexe ? Je pense à l'intelligence, la beauté, la taille, que sais-je ?

– Ce n'est pas aussi simple. L'écueil principal est que le traitement que je fais subir aux noyaux des cellules les tue. C'est de la recherche fondamentale.

– Dommage ! nous aurions pu devenir milliardaires.

– Encore que...

– Qu'entends-tu par là ?

– Une idée me traverse l'esprit maintenant. Je dois y réfléchir avant d'en parler. Tu viens danser ?

– D'accord, mais dis-moi d'abord à quoi tu penses.

– Je vais te dévoiler un petit secret : tu dois bien douter que, pour un chercheur comme moi, la tentation est grande de faire une analyse comparée entre l'animal et l'homme.

– Et donc tu isoles les gènes humains qui se rapportent aux qualités et aux défauts de chacun.

– C'est un peu ça. Mais de là à utiliser ces connaissances pour les exploiter concrètement et en faire un business, il y a des distances que je n'oserais franchir. Maintenant on danse ?

– Si tu veux, répondit-elle, un peu à regret de ne pas en savoir un peu plus sur les études menées par Sébastien.

Ils gagnèrent la salle voisine dans laquelle un DJ se

démenait sur ses platines en hochant rythmiquement la tête. Sur la piste une dizaine de couples bougeaient en cadence. Certains agitaient leurs bras au-dessus d'eux, les yeux fermés et les hanches ondulantes. Une grande blonde, le nombril à l'air, dévoilait, beaucoup plus bas, un tatouage représentant un énorme papillon dont elle tentait d'animer les ailes par des mouvements saccadés. Un de ses partenaires essayait de la suivre dans ses fantasmes érotiques, mais sans succès.

Sébastien identifia, dans une des deux danseuses presque nues qui se tortillaient sur un piédestal, une étudiante de la faculté qui se produisait là, sans doute pour se faire un petit pécule, pendant les vacances. Elle était probablement aveuglée par un spot, car elle ne parut jamais l'avoir reconnu durant toute la soirée.

Nathalie s'assit sur un canapé un peu à l'écart, dans le coin le plus sombre de la salle et invita son camarade à se blottir contre elle. Pas besoin de faire un dessin, elle n'était pas venue pour regarder les filles se trémousser. Quand une serveuse très légèrement vêtue s'approcha pour enregistrer la commande, elle retira discrètement sa main qui explorait la texture du pantalon de son cavalier.

— Tu restes au Mojito ? demanda ce dernier.

— Pourquoi pas ? Je ne sais pas pourquoi j'ai si chaud.

— La canicule, bien sûr, répondit-il avec un petit sourire ironique.

— C'est évident !

— Alors, un Mojito et un Planteur, s'il vous plaît, Mademoiselle.

La jeune femme s'éloigna. Nathalie reprit ses caresses et proposa :

— On va chez moi ou bien chez toi ?

- Comme tu le sens.
- J'ai une autre suggestion à te faire.
- Je tremble ! pas un club échangiste, ce n'est pas mon truc !
- Idiot ! Mes parents m'ont laissé les clés de leur villa du Pyla. Cela te plairait-il de te délasser au bord de la piscine à débordement en regardant les reflets des vagues qui se jettent à l'assaut du Banc d'Arguin ?
- Tu as dit l'assaut ?
- Oui, l'assaut des vagues... mais tu fantasmes, ma parole ! Viens danser, ça va te défouler un peu.

Une heure plus tard, Nathalie s'impatientait au volant de son roadster SLK Mercedes gris métallisé, dans la rue Lachassaigne. Elle attendait que son ami rassemble quelques effets personnels et surtout un maillot de bain pour l'accompagner sur les bords du bassin. Comme s'il avait besoin d'un maillot de bain ! Elle lui avait pourtant bien précisé que la maison de ses parents était inoccupée. Mais il avait insisté... Il ne devait même pas se souvenir de l'endroit où il l'avait rangé.

Elle ne l'avait pas suivi dans son appartement afin de gagner du temps, car elle ne savait pas comment aurait évolué la visite. Un élan imprévisible aurait pu compromettre un week-end au bord de la mer.

Sébastien ne fut pas très long. Il redescendit presque aussitôt. Olga n'avait pas eu la mauvaise idée de l'attendre dans l'escalier pour lui demander des précisions sur sa nouvelle conquête. Il frotta ses chaussures sur l'asphalte avant de pénétrer dans l'habitacle de la voiture de sport, comme s'il entrait dans un lieu sacré.

- C'est bien la première fois de ma vie que l'on m'invite dans un tel monstre.

– Ne commence pas à critiquer le cadeau de mon père. Il me l'a acheté quand j'ai passé ma thèse. Je crois qu'il s'est d'abord fait plaisir en m'offrant l'automobile dont il rêvait et que ma mère détestait. D'ailleurs, lorsque je l'ai accompagnée à son club de bridge, dans le seizième, j'ai vu le moment où elle prendrait un taxi.

– De mon côté, mon père m'a demandé quand j'allais enfin me mettre au boulot pour l'aider à rembourser le prêt qu'il avait contracté pour payer mes études.

– Voilà une excellente raison pour te lancer dans le business.

– Mais j'y compte bien. J'ai rendez-vous avec un homme très sérieux mercredi quinze juillet... pourvu que tu me ramènes.

– Tu as peur que je te séquestre pour profiter à ma guise de tes étreintes ?

– J'ai plus peur des vapeurs du Mojito. Tourne là à droite, cette voie est plus agréable pour rejoindre l'autoroute.

– J'aime bien rouler à cette heure-là. Passé minuit, le gros de la circulation s'est dissipé.

Nathalie alluma le poste de radio en entrant sur la bretelle de la A63. Elle régla l'intensité sonore pour contrebalancer le bruit du vent. Insensiblement elle accéléra. Soudain, la voix du crooner qui chantait une chanson d'après-guerre s'amplifia considérablement et elle écrasa la pédale de frein.

– Que se passe-t-il ? demanda aussitôt Sébastien, tu ne vas tout de même pas me faire le coup de la panne !

– Non, mais regarde bien, là-bas, sur la droite.

En effet, à quelques centaines de mètres, sur le bord de la route, deux policiers avaient garé leurs motos et l'un d'eux examinait les véhicules à travers ses jumelles.

- Si je comprends bien, tu as un détecteur de radars mobiles.
- C'est cela. Quand il capte les ondes des appareils, il augmente significativement le niveau sonore de la radio. Efficace, tu ne trouves pas ?
- Je suppose que pour faire installer ce genre de chose sur ma Golf, il faudrait que je demande une rallonge au Président de l'Université.
- Sans doute.
- À ta place, j'aurais dû payer cent trente cinq euros. Comme quoi ce sont toujours les pauvres qui trinquent. Il y a de quoi s'inscrire à la Ligue Révolutionnaire.
- Ou devenir riche. La boucle est bouclée.

La villa était construite à flanc de coteau, un peu avant d'arriver à la dune du Pyla. Elle donnait directement sur la mer qui étirait ses vagues plusieurs mètres en contrebas. Nathalie gara la voiture sous un large auvent, pendant que le vantail du portail électrique se refermait lentement.

- J'espère que ce n'est pas la fournaise, là-dedans, dit-elle ironiquement en ouvrant.
- Mais non, il fait même frais.
- Ah oui, je me souviens, j'avais allumé la clim avant de partir de Bordeaux.
- Pardon ?
- J'ai une application sur mon smartphone pour cela. Mais je n'en ai pas pour la poussière. Il y a juste Martin qui s'occupe de la piscine de temps à autre. C'est le moment de se rafraîchir, tu viens...

Quelques secondes plus tard, elle plongeait dans l'eau

tiède dans le plus simple appareil. Sébastien la suivit et après quelques mouvements de brasse, ils se retrouvèrent collés l'un contre l'autre. La surface un instant très agitée se calma de nouveau pour ne plus montrer que de faibles ondulations qui reflétaient les rayons de la lune. Leurs bouches s'étaient unies dans d'interminables baisers et leurs mains avides découvraient les courbes harmonieuses de leurs corps.

Le sang de la justice

Hugo Lagardère dormait profondément. Il fut brutalement réveillé par la sonnerie agressive de son téléphone. Il tendit la main et chercha le combiné sur sa table de nuit. Il lança un juron quand celui-ci chuta sur le sol. Il alluma sa lampe de chevet, mais l'appel s'était interrompu et son portable avait pris le relais. Il l'avait, comme d'habitude, oublié dans son pantalon, à l'autre bout de la chambre. Il regarda son réveil. Il affichait deux heures trente-quatre. Il pensa que flic était un « putain de métier », qu'on pouvait le sonner à n'importe quelle heure et surtout un lundi de Pâques. Il avait les cloches amères et son correspondant s'en rendit très vite compte et se confondit en excuses.

- Pardon Patron, c'est Gilbert. Je suis navré de vous réveiller et surtout pour votre femme...
- Mais je n'ai plus de compagne depuis longtemps, c'est à cause d'appel comme ça qu'elle a foutu le camp...

La colère lui avait un peu occulté la mémoire, car il omit de dire que Linda était partie cinq ans plus tôt avec un autre mec. Elle en avait eu ras le bol de ramasser ses vomissures, lorsqu'il rentrait bourré comme une huître qui aurait oublié de bâiller. Il avait bien fait un effort et arrêté de lever le coude, mais rien n'y fit. Elle s'éloigna tout de même avec Stéphan, leur fils unique, et un préposé au courrier, comme il est, parait-il, plus correct d'appeler aujourd'hui le facteur. Ce dernier lui jura, gage suprême d'amour, qu'il ne trinquerait pas, comme d'habitude avec les clients. La suite lui prouva qu'il avait menti ou qu'il ne l'aimait plus et l'éternelle passion finit en lamentable aventure de quelques semaines. Elle laissa plus de cicatrices que de souvenirs inoubliables et Linda sombra, elle aussi, dans l'alcool. C'est encore Steph qui paya les pots cassés et il se retrouva à Hourtin, dans le Médoc, chez ses grands-parents maternels.

– Excusez-moi à nouveau, Commissaire, mais on a eu un appel très sérieux comme quoi le premier substitut du Procureur de la République aurait été assassiné.

– Nom de Dieu ! Quand cela s'est-il passé ?

– Nous avons été prévenus par Ahmed, le concierge de son immeuble, il y a quelques minutes à peine.

– Mais comment sait-il qu'il a été tué, il n'est pas flic ce mec, bon sang !

– Il a entendu des bruits suspects. Il est monté au premier étage où créchait le magistrat et a trouvé la porte entrouverte. Il est entré et a découvert le cadavre de Monsieur Jean de la Porte baignant dans son sang.

– Bon ! on ne touche à rien et j'arrive. Préviens le Procureur Général et les gars du labo...

– C'est déjà fait patron. Je vous attends au commissariat.

Hugo enfila son slip à l'envers, mais peu importait et sauta dans son jean. L'affaire était des plus graves. Un magistrat assassiné en pleine période d'attentats en tous genres ! Il ne devrait rien laisser au hasard sinon on saurait vite trouver le coupable... d'une enquête bâclée. Il ne croyait pas si bien penser, car en arrivant à son bureau, rue François de Sourdis, le Procureur Général de la République l'appela :

26

– Mais enfin, Lagardère, vous n'en finissez pas, on vous attend depuis bientôt une demi-heure...

– Mais, Monsieur le Procureur, il y a à peine un quart d'heure que Gilbert m'a téléphoné.

– Peu importe, rejoignez-moi chez mon adjoint Jean de la Porte, rue de la Fusterie. Ce n'est pas très loin des quais, à côté de la Flèche Saint-Michel.

Hugo fit signe à Gilbert de monter à côté de lui dans la 204 Peugeot de service qu'on lui avait attribuée dix ans plus tôt. Les rues étaient désertes. Seules quelques femmes prenaient le frais sur le Quai de la Grave, en attendant le client, à proximité de quelques bars louches aux éclairages roussâtres. Même les camionnettes des flics ne les faisaient plus fuir. Il faut dire que la maréchaussée avait depuis longtemps abandonné les interrogatoires faute d'interprètes russes ou ukrainiens.

Lagardère stoppa au beau milieu de la rue de la Fusterie, derrière un car de Police Secours. Il montra sa carte à l'agent qui gardait l'entrée de l'immeuble et celui-ci esquissa un semblant de garde-à-vous. Le Procureur Général vint au-devant de lui en continuant de rouspéter sur la lenteur qu'il avait manifestée pour réagir à l'appel.

Le bâtiment était un ancien hôtel particulier qui aurait bien mérité d'être ravalé comme les autres édifices de la ville. Ils montèrent les marches d'un escalier monumental. Le policier arbora à nouveau son sésame et l'agent en tenue, qui gardait l'entrée de l'appartement, se recula pour leur permettre de passer. Une demi-douzaine de techniciens de la police scientifique ressemblant à des cosmonautes s'affairaient dans un immense salon au milieu duquel gisait un cadavre. En l'apercevant, le procureur fit un pas en arrière, laissant Lagardère s'avancer avec précaution vers la victime. De la Porte, un grand bonhomme d'une soixantaine d'années portant une barbichette « à la mousquetaire » était allongé sur le dos, habillé d'un smoking sombre. Il présentait une large plaie hémorragique au niveau du cou. Le sang avait inondé sa chemise blanche et le parquet aux alentours. À une cinquantaine de centimètres de sa main gauche, on pouvait voir une dague, elle aussi légèrement tâchée. Un des enquêteurs s'avança vers Lagardère :

- Hugo, ne t'approche pas plus, tu seras gentil, on n'a pas terminé nos relevés.
- Dis-moi Paul, il est bien mort égorgé par son agresseur ?
- Je ne crois pas qu'il se soit fait cela lui même avec son arme, si tranchante soit-elle.
- En général, on ne s'habille pas ainsi pour se suicider. C'est dommage d'avoir souillé une telle tenue.
- J'imagine qu'il a tenté de se défendre avec la dague que l'on voit à proximité de sa main gauche. C'est certainement une de celles qui manquent au râtelier que l'on aperçoit sur le mur.
- Ce ne serait pas plutôt l'assassin qui l'aurait utilisée ?
- Je ne pense pas. De la Porte était gaucher, c'est du moins ce que m'a affirmé Ahmed le concierge et cela corrobore mon hypothèse. De plus, les traces de sang sur la lame sont peu étendues.
- Oui, lorsque la carotide a été tranchée...
- Le débit était énorme. D'ailleurs, on voit bien le caractère cataclysmique de l'hémorragie.
- Mais alors, l'hémoglobine sur la dague ?
- Eh bien, regarde là-bas, près de la table de billard, mon collègue a posé un repère et il prend des

photos.

- De quoi s'agit-il ?
- D'une troisième phalange correspondant à un auriculaire gauche.

Immédiatement, Lagardère fixa les doigts du magistrat assassiné. Ils étaient intacts.

- Serait-ce une partie de la main du meurtrier ? cela expliquerait le sang sur le poignard du procureur.
- C'est ce que je pense. D'ailleurs, on pourrait presque affirmer, sans prendre de grands risques, que son propriétaire est droitier. Je vois mal un homme amputé de la sorte se servir de son membre blessé pour infliger une telle blessure à sa victime. Cela implique aussi forcément que l'agresseur en question s'est enfui avec l'arme qu'il a utilisée.
- Bon, je te laisse travailler. Je vais rejoindre son ex-patron pour lui rapporter tout cela. Je crois que la scène du crime l'a bouleversé et qu'il est parti se réfugier sur le palier.
- Dès que j'en aurai terminé, je ferai enlever le corps, direction le centre médico-légal et j'abandonnerai la place à tes gars pour qu'ils fassent la perquisition de circonstance. Pour une fois, tu n'auras pas de difficultés pour obtenir toutes les autorisations nécessaires.

Hugo résuma au procureur les premières constatations de Paul Desgranges, le médecin légiste, et commença à descendre les escaliers.

- Eh ! Lagardère, où allez-vous ainsi ?
- Mais je rentre chez moi pour me coucher, Monsieur le Procureur Général.
- Mais ça ne va pas, non ? Vous n'allez pas laisser cette affaire en l'état ?

– Mais tout le monde est à son poste, Monsieur le Procureur Général. Je vois juste le concierge, dans sa loge en passant, et je retourne dans mon lit. Mon repos pascal est déjà compromis, Monsieur le Procureur Général, je vous le garantis.

Sans attendre, le policier finit de dévaler les escaliers. Il entra dans le local où Ahmed s'était enfermé. L'homme regardait la télévision en sirotant un thé fumant. Il tenait son verre de la main droite, l'autre était dissimulée sous la table. Il se leva brusquement, dévoilant un pansement conséquent sur quatre de ses doigts.

– C'est vous le concierge ?

– Oui, Monsieur, Ahmed pour vous servir.

– C'est bien vous qui avez prévenu la police ?

– Oui, Monsieur.

– Vous êtes bien le dernier sorti de l'appartement de Monsieur Jean de la Porte.

– Oui, je crois...

– Alors, suivez-moi, nous nous rendons ensemble au commissariat.

Puis s'adressant à Gilbert qui poireautait devant la porte, il ajouta :

– Convoque-moi un médecin du SAMU dans la boutique, j'aurai besoin d'un petit coup de main.

– Oui, Patron, tout de suite.

– Et embarque-moi Ahmed, et gentiment, s'il te plaît, il est blessé, tu ne vois pas ?

– Oui Patron, ne vous inquiétez pas, je ne vais pas le casser.

Quelques minutes plus tard, le policier était de retour au commissariat. Le concierge, très soucieux, attendit quelques instants dans la salle d'interrogatoire avant d'être rejoint par Lagardère qui prit place en face de lui.

- À quelle heure avez-vous entendu du bruit au premier étage ?
- Il était à peine deux heures.
- Mais que faisiez-vous donc à cette heure-là ?
- Je regardais la télévision.
- Quelle chaîne ?
- Je ne sais plus, bredouilla-t-il.
- Quelle chaîne ? insista Lagardère.
- C'était un film érotique, finit-il par avouer en se voilant la face.
- Eh bien ! C'est du propre. Monsieur est un habitué de l'antenne de XXL. Pour une fois, je crois que tu vas être obligé de me raconter l'histoire. Comme cela, on pourra déterminer le moment exact où tu as quitté l'écran des yeux.
- Mais c'est difficile de se souvenir...
- Tu te fous de moi, il y a deux heures, pas plus.
- Ben, il y avait deux filles à poil et un...

À cet instant, Gilbert pénétra dans la salle, interrompant le récit du concierge.

- Que veux-tu donc ? Ahmed allait me raconter le dernier porno retransmis à la télévision.
- Mais, Patron, le SAMU est là !
- O.K., fais-les entrer.

Un homme, un cartable sous son bras, la trentaine et le cheveu en bataille, s'avança dans la pièce, suivi de son assistant.

- Il y a un blessé ? demanda-t-il aussitôt.
- Je voudrais que vous renouveliez le bandage de cet accidenté. C'est à sa main gauche.
- Vous m'avez appelé pour un pansement ?
- Exactement !

31

– En attendant, il y a peut-être un cardiaque qui attend un médecin !

– Le Procureur Jean de la Porte n'a même pas eu le loisir de vous déranger. Il est mort égorgé, à quelques mètres de Monsieur. C'est bête, non ?

Puis s'adressant à Gilbert, il ajouta :

– Toi, tu restes. Nous avons besoin d'un autre témoin oculaire de l'intervention.

Ahmed incrédule tendit son bras vers le médecin. Celui-ci enleva avec précaution l'épingle à nourrice qui fixait une bande Velpeau et commença à la dérouler. Sur le front du concierge, la sueur perlait au fur et à mesure que la fin du pansement approchait. Quatre doigts un peu cyanosés apparurent. Seul l'auriculaire restait entouré d'une compresse.

– Que t'est-il arrivé là ? demanda alors Lagardère.

– Je me suis brûlé en renversant l'eau de ma théière, avoua-t-il.

À cet instant, le médecin découvrit le petit doigt violacé, mais entier d'Ahmed. Dépité, le policier laissa le docteur appliquer les soins nécessaires et ordonna à son adjoint de prendre la déposition du concierge, sans oublier le compte-rendu sur le porno qu'il avait visionné. « Au moins, nous aurons ainsi l'heure exacte à laquelle il est monté au premier étage », cria-t-il en partant.

Les cloches de toutes les églises de Bordeaux battaient encore à l'unisson quand Hugo revint au commissariat. La plupart des fonctionnaires étaient restés chez eux pour fêter Pâques comme il se doit. Tous sauf quelques malheureux qu'il avait dû désigner pour assurer la permanence du service. Les plus courageux, des célibataires pour la plupart, s'étaient dévoués pour travailler le dimanche et le lundi, deux jours qu'ils rattraperaient éventuellement plus tard. Gilbert Cazeneuve était assis derrière son ordinateur et tapait sur son clavier lettre après lettre avec ses index, comme l'aurait fait un automate. Quand il s'arrêtait, sa tête s'abaissait lentement et inexorablement vers l'appareil, jusqu'à ce que d'un coup sec, il la redresse. Lagardère pensa que si son rapport s'avérait ennuyeux à dormir debout, il ne faudrait pas s'en étonner.

- Gilbert ! rentre te coucher, tu termineras demain.
- Mais, Patron, j'ai presque fini... c'est pour retranscrire le film porno que ça m'a pris du temps. Au début, Ahmed choisissait les termes qu'il employait, mais au fur et à mesure qu'il me décrivait l'action, il se lâchait.
- Il était grossier ?
- L'expression est faible. C'était, comment vous dire, je ne sais pas moi, oui c'est ça, pornographique, c'est le mot pornographique.
- Comme le film qu'il avait vu, quoi ?
- C'est ça ! pornographique.
- Et alors ?
- On ne m'a jamais appris à faire des rapports de ce genre. Il y a des mots que je n'ose pas taper. Le cul, ça se dit, mais ça ne s'écrit pas.
- Qui s'est occupé de l'enquête de proximité ?
- C'est Alexia, elle ne devrait pas tarder. La pauvre, elle est partie à sept heures ce matin dans le quartier Saint Michel.
- Pourquoi dis-tu la pauvre ?
- Parce que ce n'est pas un endroit pour lâcher une fille seule, au petit matin. Elle risque de se faire insulter par toutes les putes qui ne sont pas encore allées se coucher. Enfin, je veux dire qui ne sont

pas rentrées dormir.

— Oui bien sûr, mais ces nanas-là voient beaucoup de choses la nuit...

— Sauf qu'elles ne parlent que le russe,

— Alexia n'est pas innocente, elle saura se faire comprendre, j'en suis sûr.

— Moi aussi.

— Si tu tiens à terminer ton rapport, pendant ce temps, je vais rendre visite au Docteur Desgranges au CHU. Il a peut-être fini son autopsie.

Lagardère vint se garer à quelques mètres de l'entrée du Pôle médico-judiciaire de l'Hôpital Pellegrin, tout à côté du stade Chaban-Delmas. Le parking était pratiquement désert mis à part une antique 2CV aux chromes rutilants. Il reconnut la voiture de Desgranges et cela le rassura. Il ne monterait pas pour rien trois étages pour gagner son service.

— Quoi de neuf ? dit-il en pénétrant dans la salle d'autopsie dans laquelle flottait un mélange d'odeurs d'alcool et de formol.

— Bienvenue dans mon palace, mon cher Hugo, je n'ai pas grand-chose à te confier comme indices. Le proc est mort très rapidement d'une hémorragie due à une section des deux carotides. La lame qui lui a tranché la gorge a buté sur l'axis, la seconde vertèbre cervicale. Heureusement.

— Comment cela ?

— Sinon nous eussions dû faire deux colis du cadavre de ce pauvre procureur.

— Tu veux dire que le coup était si puissant qu'il aurait pu être décapité ?

— C'est cela.

À cet instant, son portable vibra dans la poche de

Lagardère.

   — Oui, cria-t-il agacé, qu'y a-t-il... euh, excusez-moi,
Monsieur le Procureur Général... si j'ai arrêté le
coupable ?

Il plaça sa main sur l'appareil et confia au médecin :

   — C'est le Procureur qui me demande si j'ai
interpellé l'assassin. Bientôt il faudra enfermer les
meurtriers avant même qu'ils ne soient passés à
l'acte.

Il reprit la conversation avec son correspondant :

   — Mais, Monsieur le Procureur, je ne fais que cela. Je
suis en compagnie du Docteur Desgranges, à
l'Hôpital Pellegrin. Il me faisait un premier rapport
quand vous avez appelé... Oui, bien sûr, Monsieur
le Procureur, je vous tiens au courant... À bientôt,
Monsieur le Procureur.

Furieux, il rangea nerveusement le téléphone dans sa
poche.

   — Tu pensais qu'on avait failli le décapiter.
L'assassin ne serait-il pas un jihadiste par hasard ?

   — Je n'en sais fichtre rien. Je dis simplement que le
coup était extrêmement violent.

   — C'est tout ce que tu as à me signaler ?

   — Il avait mangé entre dix-neuf et vingt heures et
avait pris du whisky peu de temps avant de mourir.
Pour le reste, il faudra attendre les résultats des
investigations que je vais demander.

   — Et pour le doigt ?

   — Ah oui ! La phalange. Je l'avais oubliée, celle-là.
Les fragments que je manipule d'ordinaire sont en
général plus volumineux.

   — Tu ne l'as pas égarée, j'espère ?

   — Non, bien sûr. J'en ai extrait une très petite

quantité de sang pour l'analyser et tenter de récolter de précieux renseignements sur notre assassin.

— Le groupe sanguin, et son ADN...

— Oui, mais on va aussi rechercher les anticorps pour en apprendre un peu plus sur les maladies qu'il a pu contracter durant sa vie. On connaîtra enfin ses affections métaboliques, s'il est diabétique ou insuffisant glandulaire, par exemple.

— L'empreinte ?

— Je l'ai relevée, mais je pense qu'elle ne sera que d'une faible utilité. Un auriculaire de la main gauche, il faut être fiché au grand banditisme pour qu'elle ait été un jour archivée.

— En effet, c'est peu probable.

— J'ai aussi placé les cellules de l'épiderme en culture. C'est toujours intéressant de conserver un matériel biologique dans son état premier, c'est-à-dire vivant.

— Je te remercie d'avoir travaillé nuit et jour un lundi de Pâques, envoie-moi ton rapport le plus rapidement possible...

— Oui, j'ai constaté que tu avais le Procureur Général aux fesses. Bon courage !

Hugo allait rentrer au commissariat quand il décida soudain de faire un saut jusqu'aux urgences de l'hôpital situées à proximité. À l'accueil, une jeune femme le reçut aussitôt, pour l'adresser très vite dans le service d'un des médecins qui avait assuré les soins de nuit.

— Vous désirez ? lui demanda une infirmière un peu masculine, de quoi souffrez-vous ?

— Commissaire Lagardère.

— Oh ! Excusez-moi.

– J'aimerais savoir si vous avez traité, durant les
dernières vingt-quatre heures, un auriculaire qui
aurait été amputé d'une phalange.

– Lequel, me dites-vous ?

– Le petit doigt de la main gauche.

La soignante s'éloigna quelques instants et revint pour
affirmer avec un immense sourire :

– Nous avons eu deux index droits, un annulaire
gauche et deux orteils. Je suis désolée.

– Pas tant que moi, merci tout de même.

– Mais sur Bordeaux, il y avait plusieurs services
d'urgences qui sont restés ouverts toute la nuit.
Heureusement, sinon nous serions tous
complètement épuisés.

– Je vous comprends.

Il rentra au commissariat. Les dix membres d'une même
famille s'engueulaient dans l'entrée. Chacun tentait
d'expliquer au pauvre fonctionnaire disponible, pourquoi
ils s'étaient tapés les uns sur les autres, à la sortie de la
messe. Hugo préféra s'isoler dans son bureau pour
éplucher le rapport que Gilbert avait placé, bien en
évidence, sur son sous-main.

Le meurtre du procureur, il le sentait bien, allait prendre
une dimension considérable. Que l'on soit riche ou
misérable... le dicton aurait pu ajouter notable... on n'est
pas tous égaux devant l'intérêt que les humains portent à
notre mort. L'assassinat du magistrat ferait demain matin
la une des journaux. La centaine d'afghans ayant
succombé à un attentat serait à peine mentionnée, dans un
entrefilet, en cinquième page... mais on ne les connaît
même pas, ces gens-là !

ADN et compagnie

L'eau de la piscine de la villa du Pyla ne révélera à personne les effusions dont elle fut témoin pendant les quatre jours que durèrent les retrouvailles des deux jeunes médecins. Ils ne la quittèrent que pour aller au ravitaillement, à la supérette du Mouleau, et pour récupérer quelques forces dans le lit de Nathalie. Les innombrables feux d'artifice qui éclatèrent tout autour du bassin les laissèrent indifférents et les bals des casernes de pompiers n'eurent pas l'honneur de les accueillir.

Dans l'après-midi du quatorze, la canicule eut raison de leur énergie et ils décidèrent de rentrer à Bordeaux. Dans la voiture, Nathalie promit de venir le chercher deux jours plus tard pour un autre week-end de rêve.

La première chose que Sébastien fit en retrouvant son laboratoire fut de rendre visite à ses pensionnaires. L'une d'elles avait accouché de trois petits, dans un minuscule amas de poils. Cela le contraria, car il ne se souvenait pas avoir mis en contact le seul mâle de l'animalerie avec la souris en question. Il conclut que la stagiaire, qui avait travaillé un mois à ses côtés, avant de partir en vacances, s'était amusée à jouer les directrices de sites de rencontres. Depuis bien longtemps, il ne croyait plus au mythe de l'Immaculée Conception. Mais reverrait-il un jour la demoiselle indélicate, rien n'était moins sûr. Elle avait soutenu sa thèse et glousserait à n'en plus finir de la bonne blague qu'elle lui avait faite avant de le quitter.

Il rongeait encore son frein quand il entendit que l'on

frappait à la porte du labo. Il fit entrer un homme d'une cinquantaine d'années affublé d'une tignasse poivre et sel en désordre et de sourcils épais. Bien rasé, mais les traits tirés, il esquissa un sourire et se présenta :

> — Commissaire Lagardère. J'ai rendez-vous à neuf heures, mais j'ai un peu d'avance.

> — Entrez ! On va s'asseoir à mon bureau, venez !

Le visiteur posa son veston sur le dossier de sa chaise et se plaça en face du chercheur. Avec une certaine fébrilité, il sortit une carte barrée de tricolore et la tendit à son interlocuteur intrigué. Ce dernier y jeta un rapide coup d'œil et demanda :

> — Que me vaut votre présence ? Monsieur le Commissaire. Je ne me souviens pas avoir commis d'impair.

> — Je viens de la part du Docteur Desgranges, c'est un ami. Il m'a conseillé de vous rencontrer.

> — Oui, je le connais bien. Il travaille à l'université comme légiste. Sacré boulot !

> — Il m'a dit que vous pourriez peut-être m'aider dans mes investigations.

> — Vous savez, je ne m'occupe que de souris...

> — Voilà, ajouta le policier sans relever l'observation du chercheur, un magistrat est mort assassiné, il y a plusieurs mois. Nous avons retrouvé sur les lieux du crime une partie du meurtrier.

> — C'est déjà pas mal.

> — C'est une phalange. Mais jusqu'à présent, cela ne nous a menés à rien. On sait seulement que c'est un homme et qu'il a entre quarante et cinquante ans par rapport à l'état dégradé de ses constantes métaboliques. C'est du moins ce qu'ont révélé les premières analyses. J'ai aussi appris que son sang

était du groupe A rhésus positif. Son ADN n'est répertorié dans aucun fichier.

— Et de quand cela date-t-il exactement ?

— L'assassinat a eu lieu dans la nuit du dimanche au lundi de Pâques. Le Docteur Desgranges, qui au passage ne tarit pas d'éloges à votre encontre, m'a confié un objet qui pourrait vous être utile, si vous acceptez de m'aider.

Le policier se leva et fouilla dans les poches de sa veste pour en extraire une petite boîte ronde et translucide.

— Une boîte de Petri ! Mais que contient-elle ?

— Paul m'a dit que ce sont des éléments de la peau du doigt amputé qu'il avait cultivés et repiqués depuis que le crime a été commis. Il a ajouté qu'il n'y avait que vous qui puissiez en tirer quelque chose.

Sébastien mira les couches de cellules à travers les parois en plaçant l'objet en direction de la lumière. De fins lambeaux jaunâtres couvraient irrégulièrement la surface de gélose nourricière.

— Avant de poursuivre notre entretien, permettez que je dépose la culture dans une étuve. Je ne voudrais pas en altérer le contenu en la laissant à la température ambiante.

— Paul m'a affirmé qu'avec la canicule que nous subissons, je pouvais la transporter sans grand risque. Au pire, il en a conservé des échantillons.

— Il a raison. Il a toujours raison et ce ne sont pas ses patients qui diront le contraire. Je vais voir ce que je peux faire pour vous. Je ne vous promets rien.

Le policier se leva à nouveau de son fauteuil pour fouiller dans la poche intérieure de sa veste. Il en sortit un portefeuille.

41

– Combien vous dois-je pour vos premières investigations ?

– Je vous adresserai une facture administrative rédigée en trois exemplaires par la secrétaire du service.

– Non, c'est hors de question. Je n'ai pas le temps de m'encombrer l'esprit avec toutes ces tracasseries bureaucratiques. Combien désirez-vous ?

Lagardère avait laissé deux billets de cent euros dépasser de son porte-monnaie.

– Deux cents, cela ira ?

– Si vous voulez. Je vais essayer de vous dépanner, mais cela n'aura aucune valeur juridique. Je vous promets seulement des indices, mais pas des preuves.

– Dans un premier temps, je n'en demande pas plus.

– Laissez-moi vos coordonnées.

Le commissaire tendit une carte de visite à Sébastien qui l'examina avec attention avant de la ranger soigneusement dans un tiroir du bureau. Il salua ensuite le policier qui s'éclipsa discrètement comme il était venu. « Bizarre ce flic » pensa -t-il, « il doit être terriblement ennuyé pour négocier des renseignements et les régler en espèces ». Il se souvint alors des propos de Nathalie qui lui conseillait de faire fortune en négociant ses qualités de généticien.

Pendant deux jours, il travailla d'arrache-pied sur la culture des cellules d'épiderme. Il sépara d'abord celles qui étaient à un stade de multiplication exploitable. Puis il isola certains gènes qu'il connaissait déjà pour les avoir précédemment étudiés sur des tissus humains issus du service de chirurgie. Heureusement que les âmes bien pensantes ignoraient le devenir de certains membres amputés de leurs chers parents, mais la recherche ne doit-elle pas savoir occulter parfois certains tabous ?

Il regarda sa montre. Elle marquait dix-sept heures quinze. Il rangea rapidement son matériel et décida, avant de rejoindre sa Golf, d'appeler le commissaire.

- Allô, c'est le Docteur Laborde au téléphone, le généticien.
- Oui, vous avez quelque chose ?
- Votre suspect est roux.
- Merci. Vous n'avez rien d'autre ?
- Si, il a les yeux verts et il est daltonien.
- Il confond le rouge et le vert, c'est cela ?
- Non, cela signifie seulement qu'il ne distingue pas les couleurs.
- Ce n'est pas écrit sur son front au mec, dommage ! Mais ce n'est déjà pas mal. Je vais regarder différemment les gens que je croiserai. Si vous avez autre chose à me signaler, ne vous gênez pas.
- Je reprendrai mes études lundi, maintenant je pars au frais sur le bord de la mer comme les trois quarts des Bordelais.
- Alors bon week-end !

En arrivant rue Lachassaigne, il reconnut le roadster gris métallisé garé en face de l'entrée de son immeuble. Au volant, Nathalie se penchait sur une revue. En levant la tête, il aperçut une vieille femme qui semblait verser de l'eau sur ses pétunias à son balcon, à l'aide d'un petit arrosoir apparemment vide. Faute de liquide, Olga ne perdrait pas une goutte de ses retrouvailles avec sa jeune amie.

Sébastien avait tout prévu. Il se retourna pour saisir, sur la banquette arrière de la Golf, un sac dans lequel il avait placé son nécessaire, pour ne pas dire son indispensable pour le week-end. Malgré tout, il entendait déjà les sarcasmes de sa copine sur l'utilité d'apporter un maillot de bain.

Pour un vendredi soir, l'autoroute était chargée et l'agacement de Nathalie dans les bouchons était palpable. Elle faisait rugir son moteur chaque fois qu'un « lambinard », comme elle les appelait, s'attardait sur la voie de gauche. Ils firent une halte à l'entrée du Mouleau, à la terrasse du Bar du Paradis, pour dîner d'une pizza et d'une bouteille de rosé, en admirant le coucher du soleil sur le Cap Ferret. La jeune femme, qui n'avait pas été très bavarde durant le trajet, se montra beaucoup plus volubile. Elle était très curieuse de connaître les suites de son rendez-vous mystérieux de la veille.

– Tu ne devais pas rencontrer quelqu'un d'important hier matin ?

– Important, c'est aller vite en besogne. J'avoue que c'était intéressant.

– Une fille charmante ou charmeuse sûrement, ajouta-t-elle en feignant d'être jalouse.

– Non, un homme qui désirait des renseignements sur le propriétaire d'un tissu cutané mis en culture.

– Tu m'en dis trop ou pas assez !

– Je ne peux pas te révéler les caractéristiques de mon interlocuteur, mais je peux te confier qu'il m'a indemnisé pour mes recherches. Cela va me donner l'occasion de t'offrir le champagne.

– Un fonctionnaire qui vend, au noir, je suppose, un travail réalisé pendant ses heures d'activité financées par l'état, c'est du propre ! Et qu'as-tu trouvé pour ton salaire ?

– Que le propriétaire du tissu en question était roux aux yeux verts et qu'il était daltonien. Pas mal, ne crois-tu pas ?

Nathalie réfléchit un instant et renchérit :

- Tu sais que tu commences à drôlement m'intéresser, toi !
- Je vois déjà ton regard lubrique.
- Tu fais exprès de comprendre de travers. Je parle de boulot, pas du sexe.
- Chez toi, les deux sont un peu liés, non ?

Elle fit mine d'oublier la boutade et ajouta :

- J'ai fréquemment des clientes qui viennent me consulter pour savoir si l'enfant qu'elles ont conçu, avec leur partenaire, n'est pas porteur d'une quelconque tare génétique dont l'un des deux serait atteint.
- Jusque-là, je te suis. Il me semblait que la recherche de la trisomie 21 était déjà à l'ordre du jour, encore que ce ne soit pas véritablement une tare.
- Mes patientes sont beaucoup plus exigeantes que cela. Elles veulent connaître le sexe de leur progéniture.
- Elles n'ont qu'à attendre la première échographie...
- Mais non, elles doivent pouvoir décider.
- Tu imagines qu'elles sont prêtes à interrompre leur grossesse si leurs désirs ne sont pas exaucés ?
- Mais bien sûr ! S'il n'est pas blond, aura un trop grand nez, ne sera pas plus intelligent que la moyenne ou encore aura des tendances homosexuelles. Elles veulent tout et tout de suite. Elles ne conçoivent pas pouvoir accoucher d'autre chose que du bébé idéal !
- Je pense qu'il y en a beaucoup qui devront avorter de nombreuses fois avant de mettre au monde l'enfant de leurs rêves.

– Certaines iront même jusqu'à refuser la maternité si toutes leurs options ne sont pas réunies.

– Un business phénoménal pour toi !

– Et pour toi aussi, bien sûr !

– Attends ! mais tu fantasmes ! Tu m'as déjà embauché, ma parole !

– Pourquoi pas. Il suffit de définir les termes du contrat. Moi, je prélève un peu de liquide amniotique au tout début de la gestation et je te le transmets avec les exigences de la patiente.

– Mais je n'ai pas un répertoire de gènes identifiés très étendu.

– Peu importe. Tu m'informes simplement de ceux que tu peux repérer et on s'y tient jusqu'à ce que tu en isoles d'autres. La psychologie de leur enfant intéresse beaucoup ces dames, retiens ça c'est très essentiel.

– Tu leur parleras du soma et du germen avant qu'on se retrouve au tribunal pour service après-vente défectueux.

– Si tu veux dire qu'elles gardent la responsabilité de l'évolution physique et morale de leur progéniture, c'est évident ! Elles vont signer.

– C'est quand même un gâchis énorme. Tous ces fœtus expulsés, sanctionnés pour ne pas être conformes aux désirs des parents, cela a des relents de la guerre de 40. Ce serait tellement plus simple de choisir l'ovule et le spermatozoïde idéal et de les laisser convoler en justes noces.

– Tu m'as dit que ta recherche génétique était létale pour les cellules !

– Jusqu'à ce que l'on découvre une méthode qui ne les altère pas.

– Toi tu as une idée derrière la tête.

– Oui, mais c'est beaucoup trop tôt pour en parler, ni même pour l'évoquer. Une seconde ! j'appelle la serveuse pour qu'elle nous amène le champagne. Sec ? Demi-sec ? Rosé ?

– Demi-sec, ou de l'Asti Spumante s'ils en ont... j'adore !

Une heure plus tard, Nathalie garait son bolide devant la villa du Pyla. Elle jeta son sac sur un des canapés du salon et se dévêtit totalement en attendant que les volets s'ouvrent. Elle frissonna un peu dans le flux de la climatisation et houspilla Sébastien qui hésitait à l'imiter. À l'extérieur, tout était calme et ils percevaient simplement le bruit discret des vagues qui se brisaient sur les rochers qui servaient de protection aux velléités de la mer. Ils violèrent ensemble la surface immobile de la piscine et se lancèrent côte à côte dans une nage effrénée jusqu'au déversoir. Ils revinrent ensuite se blottir l'un contre l'autre sur les bords de l'escalier pour jouir à nouveau de leur intimité retrouvée.

Ils seraient bien restés enlacés jusqu'au matin si de gros nuages n'étaient pas venus s'accumuler au-dessus de leurs têtes et que les premiers éclairs n'illuminent le bassin. À peine étaient-ils rentrés dans le salon qu'une averse diluvienne inonda le jardin.

Nathalie plaça deux verres sur la table basse et partit chercher une bouteille de cidre bouché dans le réfrigérateur, pendant que Sébastien enfilait pudiquement un bermuda.

– Fais le service, s'il te plaît, ordonna-t-elle, j'ai toujours peur de prendre le bouchon dans la figure.

– Avec plaisir !

Elle saisit la télécommande de la télévision et zappa

frénétiquement. Sébastien pensa qu'elle s'efforçait de trouver un film érotique pour stimuler leur libido réciproque. Par hasard, elle s'arrêta sur une chaîne d'informations qui relatait un fait divers déjà ancien. Il s'agissait de l'interpellation d'un individu, d'origine maghrébine, qui avait été mêlé au meurtre d'un Procureur de la République quelques mois plus tôt. L'homme avait d'abord clamé au monde son innocence puis il avait été retrouvé mort, quelques jours plus tard, dans des conditions particulièrement atroces. La police courait toujours derrière son assassin. L'information terminée, Nathalie poursuivit sa recherche systématique avant de s'arrêter sur la énième rediffusion d'Emmanuelle.

- C'est bizarre cette histoire de procureur égorgé, lui dit-il. C'était à Pâques, je m'en souviens, les médias s'étaient déchaînés à l'époque.

- Pourras-tu un jour repérer un gène spécifique du tueur patenté ?

- Pour le détecter chez tes clientes à l'instinct meurtrier ?

- Il y a certaines femmes qui sont d'un arrivisme si exacerbé que cela ne m'étonnerait pas qu'elles adoptent de telles pratiques. Rassure-toi, je n'en suis pas. Approche-toi un peu pour voir si je te fais plus d'effets qu'Emmanuelle !

Le canapé se souviendra longtemps de cette nuit pendant laquelle il sut résister avec courage et abnégation aux assauts répétés de ses hôtes insatiables.

Enquête et vie privée

Gilbert avait soigneusement relaté dans son rapport tout ce qu'il avait remarqué, la nuit précédente, rue de la Fusterie, au domicile de Jean de la Porte. Cazeneuve était brigadier-chef dans la police nationale depuis déjà huit ou neuf ans et jamais Lagardère n'avait eu quoi que ce soit à lui reprocher. Il le trouvait un peu mou, mais sa rigueur compensait largement ce petit défaut.

Alexia n'était pas encore revenue de son enquête de voisinage. Hugo l'imagina rôdant autour de la Flèche Saint-Michel, interrogeant les passants et surtout les passantes à l'affût d'un hypothétique client occasionnel ou d'un badaud en manque d'affection. Cette dernière réflexion le fit sourire. Les habitués des quais ne devaient pas être des modèles d'hygiène.

Il décida de noter, sur une feuille de papier, tous les ordres qu'il devrait lancer le lendemain, quand son équipe serait au complet. Il avait écrit quatre ou cinq lignes lorsqu'une jeune femme frappa à la porte de son bureau.

— Entrez ! Mademoiselle Sabaté, qu'avez-vous découvert qui peut orienter notre enquête ?

— Bonjour Monsieur le Commissaire. Vous pouvez m'appeler Alexia, vous savez, et me tutoyer. Mon mari n'est pas là !

— J'espère que tu n'as pas été trop insultée.

— Quelques « cot... cot » discrets. Il y en a juste une qui m'a crié de rentrer au poulailler, avant de s'enfuir.

— As-tu réussi à glaner quelques renseignements sur notre malheureux procureur ?

— Pas grand-chose. Ah si ! J'ai vu deux putes qui bossent la nuit dans un bar des quais. Elles servent les clients et montent à l'occasion. Lorsque l'établissement est fermé, leur souteneur leur donne quartier libre pour se faire quelques petites pièces. Quand je leur ai montré la photo du proc que Gilbert m'avait confiée, elles l'ont formellement reconnu. Il était passé hier, un peu après minuit, en compagnie d'un autre type. Tous deux ont pris plusieurs verres avant de repartir. Du whisky, m'ont-elles dit.

— Cet homme, pourraient-elles l'identifier ? C'est sûrement notre assassin.

— Vous pensez bien, Monsieur le Commissaire, que c'est la première chose que je leur ai demandée. Encore heureux qu'elles parlent français. Elles m'ont répondu qu'il avait un chapeau et des lunettes sombres. De toute façon, elles ne veulent pas témoigner. On n'a aucune considération pour les putes, disent-elles.

— Pas même un portrait-robot ?

— Surtout pas. Elles craignent qu'on les accuse d'avoir volontairement orienté l'affaire sur une fausse piste.

— Merci, Alexia, tu me mets tout ça par écrit et tu rentres retrouver ton mari. C'est Pâques aussi pour toi.

— Quand je pense qu'avant de me connaître, il allait régulièrement voir ce genre de nanas. Remarquez bien que ces deux-là n'étaient pas mal roulées. Je finirais peut-être par comprendre certains hommes

50

qui ont besoin de compensations lorsqu'ils ne sont pas bien accompagnés.

— Excuse-moi, mais avant de partir, veux-tu bien convoquer Ahmed pour qu'il vienne me rendre visite ? C'est urgent. Dis-lui que ce n'est pas pour refaire son pansement, il pigera.

Alexia s'éloigna dans le couloir et réapparut presque aussitôt pour informer son patron qu'elle n'avait pas trouvé le numéro de téléphone du concierge dans l'annuaire ni de référence de portable dans les notes de Gilbert. Elle enverrait donc une équipe pour aller le chercher rue de la Fusterie.

Hugo poursuivit l'inventaire des investigations qu'il avait commencé. Il savait que très rapidement le procureur reviendrait à la charge. « Dans le fond, peut-être a-t-il peur d'être en présence d'un tueur en série qui n'aurait pour cible que les magistrats de haut rang ». La réflexion le fit sourire pendant qu'il caressait lentement la barbe de trois jours qui devait lui donner une tête de bagnard.

Il avait écrit une pleine page des vérifications qu'il se proposait de faire le lendemain, quand un préposé vint lui annoncer l'arrivée d'Ahmed.

— Mettez-le en salle d'interrogatoire. Il connaît déjà. Comme cela il ne sera pas dépaysé !

— Bien, Monsieur le Commissaire.

Le policier décida de le laisser mariner pendant une demi-heure, histoire de le déstabiliser. Il sortit du commissariat pour aller manger au restaurant chinois, au coin de la rue. Il aimait bien ce petit établissement toujours très propre et dans lequel on était souvent rapidement servi. Il commanda un demi-poulet frit et un quart de vin rouge. Pour le dessert, il verrait plus tard.

À peine avait-il entamé la cuisse de l'animal qu'il sentit

une présence à ses côtés. C'était Gilbert qui, presque au garde-à-vous, attendait que son patron s'aperçoive qu'il était là.

— Mais que fais-tu donc ici ? Je pensais que tu étais allé te coucher.

— J'ai dormi quelques heures et je suis revenu. Je n'avais rien d'autre à faire. Ma femme est partie chez sa mère pour le week-end.

— Alors, assieds-toi, je t'offre un repas pascal sans agneau. Je crois que la patronne ne sait pas que cette bête existe.

— Je vais prendre le même plat que vous, répondit Gilbert.

— J'ai convoqué Ahmed, cela t'intéresse de l'entendre à nouveau ? J'aimerais bien qu'il nous cause un peu de feu, Monsieur le Procureur. Je suis sûr qu'il a plein de choses inédites à nous raconter sur lui.

— Je veux bien, du moment qu'il arrête de me parler de cul !

— Tu es traumatisé, toi !

Une heure plus tard, les deux hommes entraient dans la salle d'interrogatoire dans laquelle Ahmed était avachi, la tête posée sur la table entre ses deux mains. Il était anéanti, autant par le manque de sommeil que par la peur panique qui s'était emparée de lui. Lagardère s'étonna du sursaut qu'il fit quand il entendit la porte claquer :

— Alors, Monsieur Béchir, vous profitez de notre hospitalité pour faire une petite sieste ?

— Mais, Monsieur, je ne comprends pas. Je ne sais pas ce que je fais là. Je n'ai rien fait et je ne sais rien de ce qui s'est passé...

— C'est quand même toi qui as découvert le corps !

– Mais qui voulez-vous qui le fasse, à part moi ?

– Raconte-moi : le procureur vivait-il seul dans son grand appartement ?

– Oui, sauf le samedi. Fatima venait le matin pour faire le ménage pendant que Monsieur était au Palais.

Hugo prit à part Gilbert pour lui demander de noter les coordonnées de l'employée en question, lorsque l'interrogatoire serait achevé.

– Mais, dis-moi, il devait bien recevoir des gens de temps en temps, des amis, des relations, que sais-je ?

– C'était très rare. Monsieur le Procureur Général venait une ou deux fois par semaine. Sans doute pour parler des affaires. Aucune femme n'entrait chez lui, mise à part Fatima, la femme de ménage qu'il ne croisait qu'en début de mois pour lui régler ses heures. Vous savez, il n'avait plus de famille. C'est du moins ce qu'il m'avait confié.

– Pas de copain, pas de relation féminine, c'est très curieux !

– C'est comme je vous le dis, Monsieur le Commissaire.

– Il sortait beaucoup ?

– Oh ! Pour ça oui ! Dimanche, il m'avait dit qu'il allait à l'Opéra... enfin, au Grand Théâtre pour écouter du Chaudin.

– Tu veux dire Chopin, je suppose ?

– Vous savez, moi, mis à part le raï, je n'entends rien à la musique. Vous connaissez le raï ?

– Ni le raï ni Chopin d'ailleurs, mais là n'est pas la question. Il ne partait jamais en week-end ou en vacances ?

– En week-end rarement. Les spectacles, c'est surtout le samedi. Pour une fois, c'était le dimanche parce que c'était Pâques, vous comprenez.

Au fur et à mesure que l'interrogatoire avançait, Ahmed, constatant qu'il ne le mettait jamais en cause, retrouvait un peu de sérénité. Il se voulait le plus coopératif possible et un léger sourire vint peu à peu éclairer son visage basané.

– À ton avis, était-il riche ?

– Je ne sais pas trop. Il m'avait dit qu'il était issu de la noblesse d'épée. Comme je ne comprenais pas ce genre de propos, il avait ajouté que ses ancêtres étaient des soldats, du temps des rois.

Lagardère se pencha à nouveau vers Gilbert pour lui signaler de confier à un de ses collègues, dès le lendemain matin, le soin de faire une enquête financière sur la victime. Il l'avait déjà noté sur une feuille, mais celle-ci était toujours à même de s'égarer. Quel scandale ferait le Procureur Général si le moindre indice n'était pas exploité.

– Comment se déplaçait-il ?

– Il n'avait pas de véhicule personnel. Il empruntait les transports en commun ou le taxi. Rarement, une voiture du parquet se dérangeait pour venir le chercher. Il m'avait confié que la justice n'était pas riche et qu'il ne devait pas abuser de ses prérogatives.

– Tu ne m'as pas dit où il partait en vacances.

– Il allait toujours en Thaïlande. Quand il revenait, la première fois que je lui remontais le courrier, il me montrait quelques photographies. C'est magnifique là-bas ! Mais moi j'aurais peur des stoumanis.

– Tsunamis !

— C'est ça, des stoumanis !

Hugo fit mine d'en avoir terminé avec lui. Il rassembla les quelques feuillets du rapport qu'avait fait Gilbert et qu'il avait amené avec lui et ajouta, l'air de rien :

— Dis-moi, tu vis seul au rez-de-chaussée de cette grande bâtisse ?

— Oui, mais je ne vis que dans deux pièces. Le reste, ce sont des dépendances qui sont à la disposition des locataires pour entreposer leurs affaires. Il n'y a pas de caves dans cet immeuble.

— Et tu n'as pas de femme pour te tenir compagnie ?

— Non, c'est triste à dire, mais je n'ai jamais été assez riche...

— Pour en acheter une, je comprends...

— C'est cela ! Mais vous savez, ce n'est pas bien grave, je n'ai qu'à franchir le seuil de la maison et il y a toujours une demoiselle disponible.

— Une pute, tu veux dire ?

— Si vous préférez. Je n'aime pas m'exprimer comme ça. Je les connais par leur petit nom, encore que je doute que ce soit réellement le leur, c'est inventé pour le travail... Anasthasia par exemple, elle m'a confié qu'en vrai elle s'appelait Marina. Je trouve que c'était aussi joli, mais c'est son mec qui lui a imposé ce pseudonyme. Et puis, quand je n'ai pas assez d'euros et bien il me reste la télé. L'inconvénient c'est que c'est tard !

— Oui, je sais, tu as déjà tout raconté à mon collègue. Mais, dis-moi, tu n'as pas de famille qui vient te rendre visite ?

— J'ai un frère. Il travaille à Périgueux, dans le bâtiment. Il ne se rend chez moi que lorsqu'il a affaire à Bordeaux. Et puis, c'est tout. Nos parents sont rentrés en Algérie quand on était majeurs, ça fait bien dix ans, et ils ne sont jamais revenus. Ils appellent à la fin du ramadan pour savoir si on est encore vivants.

– Bon, je te remercie pour tous ces renseignements et pour ta coopération. Gilbert va noter les adresses de tous ces gens, leurs numéros de téléphone et éventuellement leurs e-mails et tu pourras retourner chez toi.

– Comment, on ne me ramène pas ? C'est férié aujourd'hui, il n'y a pas beaucoup de cars !

– Préfères-tu qu'on te garde ? C'est gratuit et ainsi tu pourras bénéficier demain des transports en commun. Tu auras même droit à un morceau de pain rassis ce soir, pour te caler l'estomac. Car les croissants frais, ce n'est pas les jours fériés, c'est comme les bus !

– Bon, ça va, j'ai compris.

– Et puis, tu restes à ma disposition à Bordeaux, des fois que j'ai besoin d'autres précisions !

– Oui, Monsieur le Commissaire.

Hugo se tourna à nouveau vers Gilbert pour lui chuchoter de noter les différents renseignements et de jeter le bougre à la porte. Un si beau jour férié, il se devait d'admirer, à leur juste valeur, les vieilles pierres fraîchement ravalées de la cité girondine.

Il sortit dans la rue François de Sourdis pour rejoindre le cours Maréchal Juin où il récupéra sa voiture. Mais où aller en cette après-midi de lundi de Pâques, quand tout ce qui n'était pas chinois était fermé. Il décida de rendre visite à son ex qui logeait dans un deux-pièces au troisième étage d'un immeuble vétuste de la rue Jean Jaurès, à Cenon. Il traversa le Pont de Pierre au moment où le mascaret remontait le fleuve. Il pensa qu'il devait y avoir une grande marée pour que la vague soit aussi marquée. Jamais il ne l'avait vue si haute. À bien y regarder, il y avait même deux ou trois surfeurs qui profitaient de l'occasion pour glisser sans fin sur l'eau boueuse.

Il s'arrêta sur sa droite un peu après la Deuxième Barrière, surnom qu'avait pris ce quartier du temps où la voie ferrée traversait encore la route. C'était avant que sa propre mère ne le mette au monde.

Linda fut très étonnée de le voir ainsi débarquer. Elle paressait en suivant un feuilleton à la télévision et en sirotant un thé à la pêche.

— Qu'est-ce qu'il t'arrive ? Tu t'ennuies autant que moi ?

— J'avais envie de te retrouver. J'espérais que Stef serait avec toi et que je pourrais le cajoler un peu.

— Stéphan est parti avec une copine voir un film au « Français » et ce soir, il rentre à Hourtin chez mes parents, sans repasser par ici. À moins que la fille ne lui mette le grappin dessus et le garde jusqu'à demain.

— Mais il n'a que vingt ans !

— À cet âge-là, les jeunes sont déniaisés depuis longtemps. À mon avis il ne reviendra pas avant la semaine prochaine.

— Dommage ! Il me manque. Tu m'offres un thé, le tien sent tellement bon.

— Ce n'est pas vrai ! Tu es malade ! Tu ne préfères pas un whisky ?

— Non, je vais me ranger.

— Et quand as-tu décidé cela ?

— Là maintenant.

– À la bonne heure, moi c'était hier et ça tombe bien que tu m'imites, car autrement je pense que j'aurais rechuté. On parlait cinéma, au Mégarama ils projettent « Fast and Furious 7 », ça ne te dit pas, la séance de dix-neuf heures ?

– Pourquoi pas, ça me changera les idées et en ce moment j'en ai besoin !

Après le film, Hugo invita Linda à aller dîner dans un petit restaurant sur la rive droite de la Garonne et ce n'est que vers vingt-deux heures qu'ils rentrèrent chez elle. Elle servit le café dans deux tasses de porcelaine, service qu'elle n'avait plus utilisé depuis leur séparation. Ils s'étaient installés côte à côte dans le canapé qui faisait face à un antique téléviseur qui diffusait une émission sur les vacances sous les tropiques. Du virtuel qu'ils ne connaîtraient probablement jamais. Insensiblement, ils se rapprochaient l'un de l'autre au fur et à mesure qu'ils évoquaient le bon temps où ils vivaient ensemble. Soudain, Hugo sentit son portable vibrer dans sa poche, tout contre la cuisse de Linda. Volontairement, il refusa de prendre l'appel, mais son visage se crispa.

– Réponds-lui, à ce connard ! Finalement rien n'a changé, on ne sera jamais tranquille, lui dit-elle.

Il regarda l'écran et reconnut le numéro du Procureur Général.

– Il m'emmerde ! ce connard. Il ne va pas me sonner matin et soir !

Il finit par décrocher :

– Oui, Monsieur le Procureur Général, qu'y a-t-il ?

– Modifiez votre ton Lagardère, je vous prie. Je suppose que l'assassin court toujours et que vous êtes en train de siroter un whisky, je ne sais où ?

– D'abord, Monsieur le Procureur, je bois un café, il

est vingt-deux heures et je vais me coucher. Si vous voulez que l'enquête avance un peu plus vite, commencez par me dire ce que votre collègue faisait en Thaïlande pendant ses vacances. Rappelez-moi quand vous aurez l'information.

— Mais Lagardère...

— Lagardère a bossé maintenant vingt heures durant et maintenant Lagardère est fatigué et Lagardère aspire à un peu de repos. Au plaisir Monsieur le Procureur Général !

Hugo, manifestement très énervé, appuya d'un index rageur sur l'interrupteur de son téléphone.

— Mais ma parole, il a changé ! Ce n'est plus le même homme, il se rebelle maintenant contre la magistrature !

— Il y a de quoi. Son copain est encore chaud qu'il voudrait que j'aie déjà refroidi son assassin, dit-il en rangeant son appareil.

— Mais tu commences à me plaire, bonhomme. Va faire un tour dans mon cabinet de toilette. En cherchant bien, tu trouveras un rasoir mécanique et une crème adaptée. Je ne couche pas avec un hérisson. Et puis ne te presse pas. Tant que tu y es, tu peux enlever le reste de ta pilosité. Le gorille que tu es ne me fait plus rêver.

— Mais je ne suis pas si poilu que ça !

— Fais comme si ! Enfin un homme libre, glabre et non alcoolisé ! C'est même un truc à exciter les lesbiennes.

Conception laser

Quand Sébastien entra dans l'enceinte du pôle universitaire, il lui sembla que, mis à part le CHU, tous les services avaient mis la clé sous la porte. Peut-être eut-il dû en faire autant et partir en vacances lui aussi. L'entretien qu'il avait eu avec Nathalie sur les caractéristiques géniques des fœtus l'avait incité à prolonger d'une semaine encore ses recherches.

Avant de gagner son laboratoire, il décida d'aller prendre un petit noir à la cafétéria. Il ne serait pas superflu pour se donner du courage. En entrant, il remarqua deux hommes qui discutaient au bar. Il connaissait bien l'un d'eux qui n'était autre que Pierre Barrère, l'un des médecins urgentistes de l'hôpital.

– Salut, Seb, tu n'es pas parti comme tout le monde ?

– Non, tu vois, je fais du rab !

– Je te présente François Labrit, responsable des rayons en tous genres. Il irradie du X, de l'Alfa, du Bêta, du Gamma et du laser et que sais-je encore. D'ailleurs, je vais vous laisser, car mon dosimètre pourrait exploser à son contact !

Le médecin s'éloigna et quand il eut passé la porte, ils entendaient toujours ses éclats de rire moqueurs.

Le scientifique était un homme d'une cinquantaine d'années, assez enveloppé. La peau de son crâne totalement dégarnie et luisante reflétait la lumière des lustres de la pièce. Il portait des lunettes rondes très ordinaires qui supportaient des verres épais dans le style cul de bouteille. Manifestement, le personnage n'avait cure de l'image qu'il renvoyait.

— Vous travaillez donc au CHU ? demanda Sébastien.

— Non, je suis, à la faculté, chef du service des « Rayonnements ionisants », ce qui est une appellation inexacte, car je consacre aussi mon énergie à ceux qui ne le sont pas.

— Je suppose que les rayons X et lasers n'entrent pas dans cette catégorie. C'est du moins ce qu'il reste de mes cours de physique.

— Ce sont ces derniers qui occupent la plupart de mon temps. Je les classe parmi les rayons « mous ».

— On ne me les a pas encore présentés.

— Les durs pénètrent profondément dans les tissus et souvent les détruisent ou au mieux les endommagent, alors que les mous conservent l'intégrité des cellules. Ils sont donc sans danger, mais ils ne permettent pas d'explorer l'intérieur des organes.

— Et quelle est leur résolution ?

— À ce jour elle est de l'ordre du micron, mais j'espère pouvoir contribuer à améliorer considérablement les performances.

— Vous croyez que l'on pourrait atteindre la taille moléculaire ? Excusez-moi, je ne me suis pas présenté, je m'appelle Sébastien Laborde et je suis responsable du service génétique. Alors, vous comprenez, l'analyse de l'ADN au laser, ce serait séduisant !

— C'est de la nanotechnologie, comme le disent pompeusement les médias. Mais pourquoi pas ? Ce n'est qu'une question de temps et de moyens.

- Imaginez qu'un jour on puisse décoder l'ADN uniquement en passant son doigt sur un lecteur émettant un tel faisceau ?
- Nous serions irrémédiablement archivés.
- L'employeur connaîtrait instantanément toutes les tendances et les capacités du futur collaborateur. Libre ensuite à lui de décider, en toute connaissance de cause, de l'embauche ou non du postulant.
- La réciproque permettrait à l'heureux élu d'être informé sur les caractéristiques psychologiques de son prochain patron...
- Quitte à refuser un job, même séduisant, pour incompatibilité d'humeur.
- Les candidats au mariage seraient prévenus des avantages et écueils qui les attendent. L'homme sujet à l'infidélité chronique ne pourrait plus s'en cacher à sa femme, de même que celle-ci ne pourrait plus omettre de dire qu'elle est plus jalouse qu'une tigresse.
- Sans compter l'usage que les politiques pourraient faire de ces fichiers. Comment plaire aux uns sans gêner les autres... comment faire des promesses sans raconter des mensonges... comment piquer dans la caisse sans avoir l'air d'y toucher ?
- Pour cela, je crois qu'ils n'ont pas attendu le décodage de l'ADN.
- Oui, vous avez raison. Eux-mêmes doivent avoir des séquences tout à fait spécifiques. Que d'accidents historiques pourraient être évités si les femmes porteuses de tels fœtus étaient irrémédiablement condamnées à avorter !

63

Les deux hommes ironisèrent ainsi une bonne demi-heure sur les surprises qui sanctionneraient les générations suivantes. Ils finirent par se séparer en promettant de se revoir, à l'occasion d'un prochain petit noir, sur ce même comptoir.

Sébastien rejoignit directement son animalerie, sans faire une halte dans son laboratoire. La mère et les petits se portaient à merveille. « C'est fou ce que l'on peut s'attacher à ces petites bêtes », pensa-t-il, « la réciproque est certainement fausse. Elles n'en ont rien à foutre de nous, si ce n'est d'avoir leur eau et leur dose de granulés ».

Il retourna sur ses pas, prit la boîte de Petri dans l'étuve et fit un prélèvement de cellules de peau avant de commencer ses expériences. Il avait décidé de consacrer la semaine à déchiffrer les fragments d'ADN, à les rapprocher de ceux, déjà archivés, des souris et des membres humains. Son objectif : tenter de mieux appréhender le propriétaire de ce tissu cutané. Pas facile de comparer des molécules d'hommes et de rongeurs, même si les deux espèces avaient des ancêtres communs. L'alphabet génétique n'étant composé que de quatre lettres C, T, A, G, correspondant chacune à un acide aminé, la variété des séquences était presque infinie. Son travail consistait à découvrir celles qui se ressemblaient, pour ne pas dire celles qui étaient identiques, et induisaient des caractères semblables. La tâche était fastidieuse.

À la fin de la semaine, il avait compris que le propriétaire des fragments de peau devait être un homme grand et agressif. Encore fallait-il corroborer cela en faisant d'autres comparaisons, mais il n'avait ni les moyens ni le temps de le faire. Il appela néanmoins Lagardère sur son portable ;

— Allô, Commissaire ?

- Oui !
- Laborde, le généticien, à l'appareil. J'ai pas mal bossé ces derniers jours. J'ai retrouvé dans les chromosomes des cellules que vous m'avez confiées deux caractères qui pourraient vous intéresser.
- Je vous écoute.
- L'homme serait plutôt grand, sauf que cet aspect physique aurait pu être modifié par une nourriture carencée, et il serait agressif.
- Ce n'est pas un gentil, c'est ce que j'avais cru comprendre.
- Mais là encore, l'environnement peut avoir fait évoluer cette prédisposition.
- Je vous remercie. Vous allez être obligé de patienter un peu pour que je vous dédommage de votre travail. Je ne toucherai mon salaire que le six du mois d'août.
- Mais il n'y a aucun problème, il en est de même pour moi. Bon week-end !
- Je suppose que vous partez en vacances et que je ne peux pas compter sur de nouvelles révélations avant la rentrée universitaire ?
- En effet. Je termine ce soir. Dorénavant, je ne reprendrai qu'en septembre. Le gardien du bâtiment s'occupera de mes animaux jusqu'à mon retour.
- Alors je vous souhaite un agréable repos. Je placerai une enveloppe dans votre casier à l'entrée. Je l'ai repéré en venant vous voir l'autre jour... déformation professionnelle, vous comprenez...
- Tout à fait. Je vous remercie.

Sébastien rendit une ultime visite à ses souris avant de

sortir sur le parking et de monter dans sa voiture. Dans l'habitacle régnait une atmosphère surchauffée et son fauteuil de cuir noir lui brûla quelques instants les postérieurs.

En arrivant rue Lachassaigne, il chercha des yeux le roadster argenté de Nathalie. Il était bien là, garé au même endroit que vendredi dernier. Tout de suite il comprit qu'elle lui avait réservé une surprise. Sur le siège passager, il put distinguer une longue chevelure blonde qui s'étalait sur l'appui-tête en renvoyant des reflets nacrés. « Elle a invité une copine », pensa-t-il immédiatement. Cela l'étonnait. Il n'imaginait pas qu'elle était de nature à partager ses conquêtes et encore moins à impliquer une autre fille dans leurs ébats amoureux. Même si c'était le cas, elle l'en aurait informé et ne l'aurait pas « mis au pied du mur ». L'expression le fit sourire, car, en s'approchant, il trouva le « mur » ravissant avec un visage et des épaules hâlés et des lèvres pulpeuses rouge grenat. Sans bouger de son siège, la jeune femme le dévisagea au point qu'il se sentit vite très peu vêtu.

> — Je te présente Amanda, lança Nathalie en descendant de son bolide pour s'emparer de sa bouche. Elle est impatiente de faire ta connaissance.
>
> — Sébastien, enchanté, fit-il en tendant sa main à la passagère.

Il jeta un coup d'œil furtif sur la banquette arrière pour constater que jamais il ne pourrait caser ses grandes guibolles dans ce lieu exigu. « Il vaut mieux qu'elle laisse à ses patientes le soin de faire des mômes », pensa-t-il « ou bien elle devra changer de voiture. »

> — Mais ne t'inquiète pas, on ne va pas te caser sur le strapontin !

– En effet, je ne me vois pas voyager dans ces conditions !

– Reprends ta Golf, si tu veux bien et suis nous jusqu'à Pessac. Je t'expliquerai notre problème là-bas.

Sébastien remonta dans sa voiture et s'appliqua à ne pas se faire semer par le monstre que conduisait sportivement sa maîtresse. Elle stoppa sur un parking où stationnait déjà une Ford Mustang blanche. À quelques pas de là était érigé un petit bâtiment moderne entouré de grandes baies vitrées, fortement teintées, sur lesquelles venaient se refléter les pins parasols plantés sur la pelouse couvrant la propriété. À côté de la porte d'entrée que Nathalie déverrouillait à la hâte, il remarqua deux panonceaux en granit gris sur lesquels étaient gravés, en lettres d'or, les noms et qualités des deux médecins travaillant là.

– Arrête de reluquer le pedigree de la consœur avec laquelle je bosse. Je t'informe tout de suite : elle est vieille et pas gâtée par la nature. Ceci dit, elle est adorable. On s'entend à merveille.

– J'admirais aussi ta plaque. Il faudra que je m'en fasse faire une pour la mettre devant mon labo.

– En attendant, entrez dans mon cabinet.

Elle passa devant un grand bureau sur lequel trônait un petit insigne chromé sur lequel on pouvait lire « accueil ». Elle fit quelques mètres et poussa une porte sur laquelle était simplement indiqué : « Docteur Nathalie Fanant ».

– Installez-vous, dit-elle, en désignant à ses invités deux fauteuils confortables placés devant sa table.

– C'est magnifique chez toi ! Je pense qu'à la rentrée je vais demander au Président de l'Université de revoir mes conditions de travail.

– Je ne me plains pas et mes patientes non plus.

– Tout à fait, je corrobore ses propos, affirma la jeune femme assise à ses côtés, le cadre est très agréable et l'ambiance incite à la détente.

– Amanda est une habituée de mon cabinet, car elle a eu quelques difficultés à concevoir un bébé. Aujourd'hui, il semble que l'on touche au but, après les nombreux traitements qu'elle a dû subir.

– J'espère que je n'aurai pas à renouveler ces épreuves, dit cette dernière. Les hommes ont l'avantage de ne pas être confrontés à cela. J'ai bientôt trente-cinq ans et je me rends bien compte que c'est le moment ou jamais de mettre au monde un enfant.

– N'exagère pas, renchérit Nathalie, jusqu'à quarante-cinq ans, tu as toujours toutes tes chances d'être mère, mais le parcours est de plus en plus compliqué pour parvenir à une gestation.

– Tu me promets d'autres épreuves encore ?

– J'espère que non ! C'est un peu pour cela qu'on t'a invitée, admit la gynécologue en se tournant vers Sébastien. Amanda est mariée à René, un monsieur très riche et d'âge mûr, pour ne pas dire plus. Elle l'aime beaucoup et ne voudrait pas le contrarier...

C'est comme cela que le jeune homme sut que la patiente était amenée à avoir des relations fréquentes et variées pour trouver un substitut aux défaillances de son époux. Elle avait ainsi plusieurs partenaires et cette situation lui convenait parfaitement. Le problème se corsa, il y a quelques jours, quand elle apprit qu'elle était enceinte. Elle ne pouvait plus affirmer avec certitude, lequel d'entre eux était le père de son enfant... enfin, plutôt de ses enfants, car Nathalie avait décelé deux embryons dans son utérus. Cette hospitalité multiple était sans nul doute le résultat des traitements qui lui avaient été administrés. Amanda souhaitait savoir si ses bébés seraient à peu près compatibles avec les caractéristiques de son mari, ne serait-ce qu'au niveau du groupe sanguin. Elle était O, rhésus positif, et son époux A rhésus positif aussi. Pour ce qui était du génome, elle espérait que personne ne songerait à le faire établir. Le rôle de Sébastien serait donc de déterminer ce groupage sanguin et, « tant qu'il y était », de les sexer. Elle serait enfin très reconnaissante d'apprendre les particularités psychiques et morphologiques des enfants.

Comme le chercheur faisait remarquer que depuis quelques minutes il prenait ses congés annuels, Amanda ne se démonta pas et ouvrit son sac d'où elle sortit une liasse de dix billets de deux cents euros.

— Je comprends que les heures supplémentaires sont les plus éprouvantes, dit-elle en lui tendant les coupures.

— Mais, Madame..., protesta-t-il modestement.

— Bien entendu, je compte sur votre extrême discrétion. Si mon mari apprenait que les enfants n'étaient pas de lui, notre couple n'y survivrait pas.

Amusée, Nathalie observait la scène. Son amant commençait à prendre goût à l'argent facile et ce n'était pas pour lui déplaire. Une collaboration à temps partiel devenait envisageable. Avant qu'il ne change d'avis, elle décida de forcer le destin :

— Si vous voulez bien, nous allons passer dans ma salle de consultation.

— Ma présence est vraiment indispensable ? demanda Sébastien, peu habitué à participer aux actes médicaux.

— Pour une fois, tu auras la preuve de l'origine du

matériel sur lequel tu travailles, dit-elle en affichant un sourire espiègle. Amanda, déshabille-toi, s'il te plaît !

La jeune femme souleva la légère robe qui moulait ses formes harmonieuses et se retrouva totalement nue. Sébastien admiratif devant sa silhouette pensa que ses partenaires n'avaient pas beaucoup de temps à consacrer à l'effeuillage de la belle. Elle s'allongea sur la table d'examen et Nathalie étala sur son ventre un gel d'échographie et appliqua la sonde sur la peau. Immédiatement, des images apparurent sur l'écran à côté d'elle.

- Regarde, dit-elle à son amant, on voit nettement deux ampoules correspondant à deux embryons que l'on ne peut pas encore bien distinguer.
- En effet, répondit-il, intéressé.
- Maintenant, je vais bouger un peu l'appareil sans perdre l'image. Là, tu veux bien le maintenir en place ?

Un peu embarrassé, le jeune homme enfila des gants à la hâte et prit la sonde. Nathalie nettoya alors la surface libre de l'abdomen, pulvérisa un produit anesthésiant sur la peau et saisit une longue aiguille. Sans quitter des yeux l'écran sur lequel l'instrument était apparu, elle l'enfonça délicatement en direction d'un des placentas. Quand elle fut certaine de son exacte position, elle aspira à l'aide d'une seringue un infime volume de liquide. Elle exécuta la même manœuvre avec l'autre et sortit l'aiguille du corps de la patiente tout en appliquant une compresse sur son ventre.

- Et voilà, dit-elle satisfaite, tu n'as plus qu'à nous apprendre si Amanda mettra au monde des génies, grands par la taille et par l'esprit. S'ils sont doués de leurs mains et gentils avec leur entourage.

- Surtout leurs groupes sanguins, c'est le plus important ! S'ils ne sont pas compatibles avec celui de mon époux, il faudra que je prenne une décision difficile.
- Ma chérie, intervint encore Nathalie, écoute un peu ! on ne va pas aller jusqu'à l'avortement... on a eu tant de mal !

Elle appliqua un petit pansement sur le point de prélèvement et Amanda enfila à nouveau sa robe.

- Tu n'oublieras pas d'enlever la compresse avant ce soir, sinon ton mari te posera des questions indiscrètes !
- Ce n'est pas le moment. J'ai l'intention de lui laisser croire qu'on a fait les enfants ce soir.
- Mais tu devras accoucher officiellement avec plus d'un mois d'avance !
- Avec des jumeaux, il parait que c'est fréquent. René sera si heureux. Le plus difficile sera de dissoudre le Viagra dans son thé.

Amanda promit de repasser dans la semaine pour suivre l'évolution des recherches du Docteur Laborde et partit dans sa belle voiture blanche.

- Telle que tu la vois, elle va retrouver un de ses copains. Cette fille est insatiable !
- Avec le corps qu'elle a, les prétendants doivent se bousculer au portillon !
- Le portillon, comme tu dis, il commence à être un peu surbooké et c'est pour cela qu'elle a tant de mal à concevoir des gamins. Que penses-tu de l'indemnité pour ton labeur supplémentaire ?
- Pas mal. Je n'avais jamais vu autant de gros billets en même temps. Ce sera difficile pour moi de les

casser.

- Libre à toi d'en avoir d'autres. Je peux te proposer ce genre de distraction plusieurs fois par semaine, au même tarif.
- Moi qui avais toujours dit que je ne travaillerais jamais pour l'argent. Tu vas me faire virer ma cuti.
- Quand il sera là, je demanderai à mon père de t'ouvrir un compte à Lausanne. Maintenant, on part au Pyla, c'est notre dernier week-end, car mes parents arrivent bientôt. Tu me donneras sur place tous les renseignements nécessaires... si on a le temps...
- On laisse ma voiture ici ? Tu ne veux pas qu'on prenne la mienne par hasard ?
- Pourquoi, je conduis mal ?
- Dis plutôt que tu as honte de monter dans une bagnole ordinaire.
- Dans quelques semaines, tu iras pleurer chez le concessionnaire Porsche pour qu'il te vende la prochaine Carrera qui sortira de l'usine.
- Si je comprends bien, tu as déjà défini mon plan de carrière. Tu m'as inventé un nouveau métier qui consiste à prévoir les exploits de la progéniture de tes clientes, tu planques mon fric en Suisse...
- Excuse-moi de t'interrompre : si on ne fait pas ça dès le début, après c'est un truc à se faire coincer par les agents du fisc...
- Tu décides de ma prochaine voiture, peut-être de mon appartement et de ma future femme ?
- Je n'ai pas fait le tour de mon prétendant actuel. Je réserve encore mon choix définitif.
- Mais je rêve ! On va dans ta maison du Pyla pour s'envoyer en l'air ou bien on s'arrête à la première

chapelle que l'on rencontre pour régler notre protocole de mariage ?

— Monte dans mon carrosse avant que notre première scène de ménage ne dégénère. Tu retrouveras ton épave demain soir.

Deuxième partie

Kuala Lumpur

Ahmed sur la sellette

Lorsque Lagardère quitta Linda, celle-ci dormait encore à poings fermés, épuisée sans doute par leurs activités nocturnes. Il pesta tout au long de l'avenue Thiers contre tous ces chauffards qui apprenaient à conduire dans les embouteillages. Son humeur devint franchement exécrable quand il constata qu'un véhicule de couleur noire était garé sur la place qui lui était réservée, à proximité de l'entrée du commissariat. Le premier à essuyer son venin fut un malheureux agent en tenue qui jouait les plantons devant la porte.

— Mais Monsieur le Commissaire, tenta-t-il de se défendre, je crois que c'est Monsieur le Procureur Général qui...

Hugo ravala sa colère en grommelant, sans que le sous-officier entende : « Celui-là commence à me courir... » Il tourna autour du pâté de maisons avant de trouver une place en travers d'un passage piéton. « Il y a bien un abruti qui ne va pas reconnaître ma bagnole et me foutre un PV », pensa-t-il en longeant le trottoir en direction de sa « boutique ».

Sa fureur décupla quand, en pénétrant dans son bureau, il découvrit, sur son fauteuil, le magistrat en train de consulter les notes qu'il avait prises la veille et les dossiers réalisés par Gilbert et Alexia.

- C'est à cette heure-là que vous arrivez, Lagardère ! Dois-je vous rappeler qu'il y a, dans les rues de Bordeaux, un assassin qui se promène impunément.

- J'aurais pu m'asseoir dans MON fauteuil beaucoup plus tôt si une magnifique berline noire de marque Peugeot n'avait pas emprunté ma place de parking !

- Ah ! C'était donc à vous, l'emplacement. C'est parfait. Cela évitera à mon greffier de perdre son temps à chercher parmi vos subordonnés, l'abruti qui d'ordinaire me colle une contravention quand je me gare dans les environs.

- Je vais transmettre à qui de droit le qualificatif que vous venez d'attribuer à un de mes hommes qui au demeurant ne fait que son boulot.

- À propos de travail, je constate que le vôtre est au point mort. Vous n'avez pratiquement pas progressé dans vos investigations.

Lagardère agacé jeta un œil sur sa montre.

- Vous avez raison, Monsieur le Procureur Général, l'assassin, trente heures après son forfait, court toujours. Mais vous savez, s'il s'agit d'un tueur en série qui ne s'attaque qu'aux procureurs, je ne me sens pas menacé !

- Vous êtes insolent, Monsieur le Commissaire !

- Non, seulement pressé de me mettre au travail, pour peu que je puisse retrouver mon fauteuil.

- Ne me cherchez pas Lagardère, fit le magistrat en

76

cédant la place, vous pourriez le regretter !

— Je ne cherche personne à part le meurtrier de votre collègue. Mais asseyez-vous donc en face de moi. J'ai quelques questions de routine à vous poser. Cela m'évitera de vous convoquer dans ce même bureau.

— Mais vous êtes devenu fou, Lagardère !

— Parlez-moi de Jean de la Porte. Vous deviez souvent vous côtoyer ?

— On se croisait au Palais de Justice.

— Peut-être s'occupait-il de dossiers particulièrement sensibles, que sais-je ?

— Il faisait du pénal, comme nous tous. À ma connaissance, il n'avait jamais reçu de menaces particulières. C'était un homme intègre, fier sans être hautain.

— Que saviez-vous de ses relations ?

— Je vous l'ai déjà dit, c'était un collègue de travail. On se voyait rarement en dehors du Palais.

— Vous alliez chez lui ?

— Je m'y suis rendu une ou deux fois pour régler des problèmes de procédures.

— Où déjeunait-il d'ordinaire ?

— Mais je n'en sais rien, moi ! Lagardère ! en avez-vous bientôt terminé ou bien dois-je sonner un avocat pour venir m'assister... ce serait un comble.

— Je ne fais que mon métier, Monsieur le Procureur Général. Je vous informe que j'enquête sur un assassinat. Où avait-il l'habitude de déjeuner ?

— Au Cucina Pasta Pizza, cours Victor Hugo, comme beaucoup de personnes travaillant au Palais de Justice. Mais pourquoi n'interrogez-vous pas à sa greffière, Mademoiselle Suzanne Quartier.

- Auriez-vous l'amabilité de lui demander de me faire une petite visite ?
- Vous n'avez qu'à l'appeler vous-même ! Il n'y a pas marqué « standardiste »... là, dit-il en frôlant son front de sa main droite. Si vous avez besoin de me questionner à nouveau, vous savez où je suis, ou bien m'arrêtez-vous tout de suite ? ajouta-t-il en se levant, furieux.
- Non, pas encore. Vous pouvez disposer. Lors de votre prochaine visite, auriez-vous l'amabilité de respecter ma place de parking, sinon je prendrai mes aises pour me garer, en allant au tribunal, et aucun agent ne me sanctionnera.
- Adieu, Lagardère !
- Au revoir, Monsieur le Procureur Général. Juste une simple chose, avant de nous quitter, dites-moi ce que vous avez fait dimanche soir ?
- Je me suis rendu au Grand Théâtre et puis j'ai longé les quais pour assassiner mon confrère dans son appartement. Çà vous va ? D'ailleurs, regardez ma main gauche ! mince alors, mon petit doigt a repoussé !
- J'avais déjà vérifié, répliqua Hugo, agressif.

Gilbert attendit que le magistrat fût sorti du commissariat pour entrer dans le bureau de son patron avec, sous le bras, le rapport provisoire d'expertise de l'équipe scientifique. Il lui expliqua qu'un exemplaire définitif suivrait dans la semaine. À la demande de Lagardère, Gilbert tenta de résumer les constatations des spécialistes. Mises à part celles de la victime, ils n'avaient relevé aucune autre empreinte exploitable. Aux dires d'Ahmed, Fatima avait fait le ménage la veille et elle avait bien pu faire disparaître toutes les traces.

Les professionnels avaient fouillé l'appartement et avaient découvert, dans un coffre situé dans une armoire de la chambre, une forte somme d'argent liquide et des bijoux de valeur. Ceux-ci étaient plutôt anciens et devaient provenir d'un ou plusieurs héritages.

— Combien d'espèces ? demanda Lagardère.

— Douze mille cinq cents euros.

Gilbert poursuivit son exposé en signalant que l'ordinateur portable de la victime avait été confié aux services techniques et qu'ils devaient faire un premier rapport dans la soirée.

La brigade financière avait été saisie et examinait les comptes bancaires du défunt.

— Eh bien ! Tout cela me semble parfait, tu as bien travaillé. Convoque-nous sa greffière pour le début d'après-midi, elle aura éventuellement des choses à nous apprendre.

— Bien Patron.

— Dès que tu l'auras fait, on partira faire un petit tour du côté de la Flèche Saint-Michel. Ahmed s'ennuie peut-être de nous, qui sait ?

En sortant du commissariat, Hugo rabattit le revers de sa veste sur son cou et fit le gros dos. Une pluie fine vint agresser son visage et ses mains. Sa voiture était garée assez loin et il chercha tant bien que mal à s'abriter sous les balcons des immeubles. Ils n'étaient plus qu'à une trentaine de mètres de l'automobile quand Hugo l'aperçut dans une position bien inhabituelle. Elle était perchée sur le plateau d'un véhicule de la fourrière qui patientait au feu rouge voisin.

— Cours vite, ordonna-t-il à Gilbert, cet abruti nous pique la bagnole.

Il fallut à Lagardère à la fois beaucoup de diplomatie et d'autorité pour que le chauffeur envisage de débarquer la 204 de son camion. Hugo finit par lui lancer un billet de cinquante euros et l'affaire fut conclue.

– C'est la faute de cet imbécile de Trochu, s'exclama-t-il en s'asseyant derrière son volant.

– Pardon ?

– Charles Trochu, c'est le patronyme de Monsieur le Procureur Général de la République Française.

– Je ne savais pas...

– Trochu, la justice aurait bien pu se passer d'un mec nommé Trochu. Des Trochu à cinquante euros, je m'en tape moi !

Ce ne sont pas les embouteillages qui calmèrent Lagardère. Il était encore contrarié quand il pénétra dans l'immeuble de la victime. Ahmed devait être devant son écran de télévision, car ils entendaient des gémissements qui ne semblaient pas de nature douloureux. Gilbert frappa à la porte de la conciergerie et entra aussitôt. La posture du gardien ne laissait aucun doute sur l'activité génésique à laquelle il se livrait dans l'intimité de sa loge. Il se leva d'un bond et tenta de replacer à la hâte ses organes dans son jean trop étroit. La fille hurlait toujours sur le petit écran.

– Tu t'es payé un lecteur vidéo ? demanda Lagardère en guise de salutations.

– C'est mon frère qui...

– Ferme-lui sa gueule à cette pauvre femme. Elle travaille, elle, pendant que tu glandes. Je ne vais tout de même pas dire que tu ne branles rien, ce serait exagéré !

– À cette heure-là j'ai droit à quelques minutes de repos.

- Parce que tu appelles ça du repos, renchérit Cazeneuve, hilare.
- C'est ma vie privée, dit-il en actionnant la télécommande pour interrompre le film.
- Ta vie privée déborde un peu sur celle des autres, ajouta le sous-officier. J'ai relevé, dans le rapport des techniciens, qu'un appareil avait disparu sous le téléviseur du proc assassiné. Sa trace était perceptible sur l'étagère où il était placé.
- Ce n'est pas moi, c'est mon frère qui...
- Alors ton frangin était avec toi, la nuit du meurtre ?

Ahmed baissa la tête et cacha son visage entre ses mains. Tout son corps fut soudain pris de légères convulsions et sa respiration devint haletante.

- Mais je rêve, lança Lagardère, il y a deux minutes tu bandais comme un âne en rut et maintenant tu chiales comme un gamin. Tu es déjà en manque ? Il faut te soigner ! Demande à ton médecin de te prescrire une spécialité à base de bromure, comme on le faisait pour les soldats de la Grande Guerre.

Les haut-le-corps du concierge redoublèrent.

Gilbert enfila des gants et profita de ces instants pathétiques pour commencer à passer au peigne fin, et sans ménagement, la loge jusqu'à ce qu'il fasse malencontreusement chuter un exemplaire du Coran du rebord du buffet.

- Excuse-moi, dit-il sans se baisser pour le ramasser, j'ai blasphémé.

Ahmed écarta ses mains. Son visage se figea et blanchit de colère. Il proféra en arabe une suite d'expressions haineuses qui se dispensaient d'interprète. Il finit enfin par se calmer pour annoncer :

— Vous n'avez pas le droit de fouiller chez moi. Il vous faut une autorisation de perquisition. Je déposerai plainte pour abus de pouvoir !

— Tu es bien au courant de tes droits, pour un petit concierge innocent, répondit Lagardère. Avant d'appeler un avocat, que tu ne peux pas payer, je suppose...

— J'en exige un, commis d'office...

— Parce que tu as donné ton dernier salaire à une de tes copines sur le trottoir d'en face...

— Je fais ce que je veux de mes sous !

— Alors avant que tu nous accompagnes au commissariat, dis-nous qui a pris le lecteur vidéo du procureur, toi ou ton frangin ?

— On ne l'a pas volé, son propriétaire était mort, il ne risquait plus de regarder ses films vicieux...

— Tu ne m'as pas répondu !

— C'est mon frère.

À cet instant, Gilbert sortit du tiroir d'une vieille commode branlante, plusieurs disques sans signes distinctifs. Il s'empara de la télécommande, éjecta le porno qui s'y trouvait et plaça un enregistrement dans l'appareil. Après quelques instants, apparurent sur l'écran des images d'enfants asiatiques presque nus, dans des positions très équivoques.

— Ce n'est pas moi, je vous jure, ce n'est pas moi, c'est Monsieur le Procureur qui...

— On va finir de visionner tout cela au commissariat. Gilbert, passe les menottes à ce détraqué. J'envoie une équipe pour éplucher ce local qui pue la luxure et la pédophilie.

— Je l'attache au radiateur, le temps de remettre un peu d'ordre dans ces lieux de débauche. On range les disques dans le tiroir ou bien on les emmène ?

— Laisse-les là ! Les gars vont les inventorier et les saisir. On les récupérera à la boutique pour les examiner. On demandera à Alexia de nous faire un résumé des frasques de ces salopards.

Ahmed retrouva une fois de plus la salle d'interrogatoire. Hugo le fit patienter pendant plus de trois heures, période pendant laquelle il déjeuna au restaurant chinois voisin. À son retour dans son bureau, il entreprit d'étudier l'inventaire des locaux du procureur décédé. Quel ne fut pas son étonnement de voir, parmi tous les éléments hétéroclites qui avaient été relevés, la présence d'une petite chaussette. Le rédacteur avait noté une taille 34 ou 35 correspondant à la pointure d'un enfant d'une dizaine d'années. La soquette avait glissé entre le matelas et le sommier du magistrat. Lagardère pensa que Fatima ne devait pas retourner la literie toutes les semaines, sinon elle eut fait disparaître le vêtement. La présence de l'objet confirma l'opinion qu'il s'était faite du caractère pédophile des activités du procureur.

C'est alors qu'Alexia frappa à sa porte pour lui annoncer l'arrivée de Mademoiselle Suzanne Quartier, la greffière du malheureux procureur.

— Dis-lui que je la rappellerai plus tard, je n'ai pas le temps maintenant !

— Oui, Patron

— Ne l'exprime pas comme ça, mets-y un peu les formes. Au fait, comment est-elle, la fille ?

— La cinquantaine, grisonnante, chignon d'avant-guerre, chapeau de paille orné de roses... je continue ?

— D'accord... raconte-lui que je n'ai pas le temps, c'est tout !

— Bien Patron... je lui dis aussi qu'elle n'est pas votre style de femme ?

— Tu ne trouves pas que j'ai suffisamment de problèmes avec la magistrature ? Dois-je me mettre même les greffières à dos ?

— Excusez-moi Patron... je resterai diplomate.

Il décida de téléphoner à un nommé Jean-Pierre Lalanne, journaliste à Sud-Ouest, avec lequel il jouait au billard, de temps à autre, dans un café de Bacalan.

— Allô, J.P., c'est Hugo, comment va ?

— C'est à toi qu'il faut le demander. L'assassinat du proc doit t'occuper plus que de coutume et tu ne dois pas m'appeler pour un rendez-vous festif.

— En effet, juste un petit renseignement. C'est bien toi qui gères les rubriques judiciaires, sur ta feuille de chou ?

— Tout à fait et je dois te dire qu'en ce moment je ne chôme pas. Les magistrats enchaînent les procès avant les vacances.

— Quels genres d'affaires traitait le Procureur Trochu ?

— Un peu de tout. Du braquage au viol en réunion. Ces derniers temps, il s'était « spécialisé », si l'on peut s'exprimer de la sorte, dans les dossiers de pédophilie. Il en avait suivi plusieurs. Coïncidence, sans doute.

— As-tu quelques renseignements sur lui ?

— Oui, sûrement. Mais tu le sais bien, je ne peux pas te dévoiler mes sources sauf,,,

— ... si je renvoie l'ascenseur, c'est évident. Donnant donnant, c'est la règle. Je peux déjà te dire qu'il est mort très rapidement d'une hémorragie, suite à une blessure par arme blanche. Section des carotides.

On l'a saigné comme un lapin.

- Ok Hugo, je t'envoie par e-mail les renseignements dont je dispose et je compte sur toi pour me tenir au courant sur la suite de l'affaire.

Ahmed s'était affalé sur sa chaise, les coudes presque en suspens sur la table. Son regard avait lentement fait le tour de la salle et s'était attardé un moment sur la caméra. L'œil était dans la pièce et toisait froidement Ahmed. Il avait un temps inspecté la glace sans tain qui lui faisait face en cherchant à deviner quels fauves le guettaient avant de venir le dévorer. Le gibier était cerné et la meute était là, derrière cette vitre teintée, bavant de salive filante en attendant de se précipiter pour le dépecer. Soudain, il se leva, s'agenouilla sur le carrelage sur lequel il avait déposé sa veste et commença à se prosterner en direction des quatre angles de la salle, faute de connaître la direction de La Mecque. La prière était son dernier refuge. Seul Allah pouvait maintenant lui venir en aide.

Ses espoirs furent réduits à néant quand il vit entrer Lagardère, suivi, comme son ombre, par Gilbert.

- Désolé d'interrompre tes salamalecs, mais nous avons encore quelques éclaircissements à te demander.

- Mais, Monsieur le Commissaire, j'ai droit à un avocat !

- Mais, mon cher ami, tu en auras un lorsque je t'aurai placé en garde à vue. Pour l'instant, tu n'es qu'un témoin, délinquant pour vol, certes, mais témoin tout de même. Et si tu es gentil, je le serai aussi. Parle-moi de ton frère !

- Je vous ai déjà raconté. Il habite à Périgueux et travaille dans le bâtiment.

- Son nom et son prénom ?

85

- Béchir, comme moi. Son prénom, c'est Abdel.
- Son adresse ?
- 17 impasse Beaulieu à Périgueux, c'est chez sa copine Zita.
- Son téléphone ?
- Il n'a qu'un portable. C'est le 0607535452, mais il m'a dit qu'il avait été coupé parce qu'il n'avait pas payé son abonnement.
- Mais il en a un nouveau, je crois ?
- Je ne suis pas au courant.
- Tu n'as pas vu quand il a mis celui du procureur dans sa poche ?
- Non !
- Qu'était-il venu faire Abdel, dimanche soir, dans ta loge ?
- Je l'avais invité pour dîner.
- Et quand il arrive comme cela, où dort-il ?
- On se serre un peu dans mon lit. Entre frères, il n'y a pas de mal.
- Sauf si on intercale un gamin !
- Mais les mômes, ce n'est pas moi. Je n'y touche pas !
- Si ce n'est pas toi, c'est donc ton frangin. Où les trouvait-il les enfants qu'il ramenait au procureur ?
- Il disait que c'étaient des gitans, de la racaille de mômes que leurs parents louaient pour la nuit. Quand il avait une « commande », il partait en chercher un. C'était Zita qui le lavait et l'habillait avant qu'il aille lui même le livrer.
- Le livrer aux bons soins du client, c'est cela ?
- Oui, jamais aucun d'eux n'a fait de mal aux mômes, il me l'a juré.

– Et chez le procureur, il « livrait » tous les combien et à quel prix ?

– Une fois ou deux par semaine. C'était trois cents euros la nuit. Il faisait un bon bénéfice. Il amenait l'enfant vers vingt-deux heures le soir et le reprenait le lendemain vers six heures. Pendant ce temps, il passait le temps avec moi, même qu'il nous payait souvent une copine.

– Pour patienter...

– C'est cela, en attendant...

– Tu m'as raconté, l'autre jour, que le Procureur Général venait de temps en temps rendre visite à son collègue.

– Oui, une fois par semaine, parfois deux. Mais pas avec les enfants, ça jamais. C'était le soir. Ils devaient manger ensemble. Monsieur de la Porte faisait, paraît-il, très bien la cuisine. C'est lui-même qui me l'avait dit. Ils se quittaient très tard dans la nuit. Mais je ne savais pas ce qu'ils faisaient.

– Tu as bien un peu écouté à la porte ? Tu as bien entendu du bruit.

– J'ai compris qu'ils avaient des rapports un peu particuliers quand un soir je suis passé par hasard sur le palier. J'ai reconnu la voix de Monsieur qui criait : encore, encore, vas-y. Je n'ose pas vous apprendre la suite, c'était, comment dire, coquin, c'est comme ça qu'on dit, non ?

À cet instant, un agent en tenue entra dans la salle et remit un billet au commissaire :

– On vient de me signaler qu'on a récupéré la montre de Monsieur le Procureur dans le tiroir de ta table de chevet. Remarque bien qu'une fois mort, il n'en avait plus besoin. Il n'était plus à une heure près et comme il n'avait pas d'héritier, autant en profiter.

— C'est Abdel qui m'a dit de la prendre, moi je n'y avais pas pensé.

— C'est comme le lecteur vidéo !

— Pareil.

— Et le liquide et les cartes bancaires, c'est la même chose ? On a retrouvé son portefeuille contenant seulement ses papiers d'identité.

— Mais que voulez-vous que je fasse avec des cartes bancaires, je ne sais pas m'en servir. J'achète tout avec des billets, moi. Les filles, vous croyez qu'elles baisent avec des cartes bancaires, vous ? Et Yong, l'épicier, si je lui présente un bout de carton pour le payer, il va me foutre à la porte, c'est sûr ! Quant aux espèces, je n'y ai pas touché, ce n'est pas moi !

C'est alors que le portable du commissaire vibra dans la poche de son pantalon. C'était Alexia qui, derrière la glace sans tain, venait de composer le numéro indiqué par Ahmed. À sa grande surprise, c'est un chauffeur de taxi qui lui avait répondu et affirmé qu'il possédait ce numéro depuis des années.

— Mon cher Ahmed, tu vois la caméra qui est là-haut ? Elle enregistre notre conversation qui jusqu'à présent a été des plus courtoises, conviens-en.

— Oui, Monsieur le Commissaire.

Lagardère se pencha pour parler à l'oreille de Gilbert qui s'absenta un court instant. Quand il fut de retour, il s'adressa à nouveau au concierge.

— Tu vois Ahmed, Gilbert vient de fermer la caméra,

car nous allons avoir une discussion un peu plus musclée.

— Mais, Monsieur le Commissaire...

— Tu as cinq secondes pour me confier le vrai numéro du portable de ton frère.

— Je vous l'ai déjà donné, je n'en connais pas d'autre.

— Réfléchis vite, très vite, très très vite, ma patience a touché ses limites !

— 0607535254, c'est tout ce que je sais, Monsieur le Commissaire.

— Monsieur Béchir, je demande pour vous un placement en garde à vue, dans une des cellules du commissariat, pour une durée de quarante-huit heures pour vol sur la personne de Monsieur Jean de la Porte et pour entrave à l'enquête sur l'assassinat de ce dernier.

— Je veux un avocat... je veux un avocat... je veux un avocat...

— Merci, Gilbert, cria Lagardère à l'intention de son sous-officier qui emmenait le concierge. N'oublie pas de lui donner de l'eau, un morceau de pain et une tranche de jambon. Et s'il renâcle en prétextant que sa religion le lui interdit, apprends-lui qu'en France la police est une institution laïque. La nourriture est la même pour tous. Fais-lui aussi comprendre que la République ne fournit ni les putes, ni les films pornos et encore moins les mômes, fussent-ils gitans. S'il a envie de terminer sa branlette, dis-lui de le faire proprement. La femme de ménage pourrait le laisser baigner dans son jus plusieurs jours d'affilés. Je pige maintenant pourquoi sa loge puait autant... quelle éducation !

Monsieur le Procureur Général

Charles Trochu avait été prévenu de l'assassinat de son confrère Jean de la Porte par un appel sur son portable, un peu après minuit trente. Celui-ci avait sonné interminablement sur sa table de chevet. Cela n'aurait tenu qu'à lui, il l'aurait laissé hurler jusqu'à épuisement de la batterie, mais Marie-Françoise, sa compagne depuis vingt-six ans, avait fini par venir dans sa chambre pour le secouer afin qu'il réponde.

— Mais voyons, Charles ! allez-vous donc enfin décrocher !

Ils se vouvoyaient depuis toujours, sauf pendant leurs ébats amoureux pendant lesquels la trivialité de Monsieur n'avait d'égal que l'indignation simulée de Madame.

Il prit le combiné et son visage se décomposa au fur et à mesure qu'il écoutait son correspondant. Il reposa l'appareil en bredouillant.

— Il faut que j'y aille, dit-il soudain à son épouse. On vient de me prévenir que Jean a été agressé et même serait décédé.

— Jean de la Porte ?

— Oui, mon collègue. Je ne lui connais pas de famille, il faut que j'y aille tout de suite.

— C'est affreux ! On n'est plus en sécurité nulle part de nos jours !

— Dans le quartier où il habite, ce ne sont pas les

malfrats qui manquent.

– Je vais dire une prière pour lui, conclut-elle en tournant les talons pour regagner sa chambre.

Trois minutes plus tard, le procureur quittait sa résidence de Pessac pour se diriger à tombeau ouvert vers la Flèche Saint-Michel. Le représentant de la loi se moquait, pour une fois, du Code de la route pour lequel d'ordinaire il conseillait à ses subalternes d'appliquer des sanctions les plus sévères aux contrevenants. La rue de la Fusterie était encore des plus calmes lorsqu'il se gara à une cinquantaine de mètres du domicile de son collègue. Seule une pute égarée tenta sa chance quand il la croisa sur le trottoir. Ce n'était pas le moment de se laisser distraire, d'autant que le parfum de la demoiselle était très accrocheur et Marie-Françoise avait l'odorat particulièrement sensible.

Ahmed l'attendait derrière la porte entrouverte.

– Ah ! Monsieur le Procureur Général, rentrez vite, il s'est passé un drame terrible.

– Raconte-moi.

– Abdel et moi regardions un film à la télé quand nous avons entendu un cri au premier étage et le bruit de quelque chose qui tombait lourdement sur le sol. Mon frère et moi nous nous sommes interrogés quelques instants et nous avons baissé le son pour mieux écouter. Soudain, la porte d'entrée claqua sans que nous n'ayons vu passer personne. Il faut dire que la lumière, dans le hall, était éteinte. Il y a une minuterie, vous comprenez ?

– Oui, aux faits ! Ahmed, aux faits !

– Eh bien ! Abdel et moi sommes montés et on a vu Monsieur Jean étendu dans une mare de sang.

Abdel sortit à cet instant de la loge. C'était un homme

d'une quarantaine d'années trapu, mais d'allure athlétique. Son crâne très dégarni luisait dans la lumière du plafonnier. Il portait une barbe de quelques jours qui accentuait la rudesse des traits de son visage.

- Alors quoi, lui dit Charles Trochu, que s'est-il passé ? Vous vous êtes engueulés ou quoi ?
- Mais pas du tout, je n'y suis pour rien. Ahmed et moi on suivait un porno à la télé, je vous jure !
- On n'a plus le temps de polémiquer. Abdel monte avec moi.

Le procureur se lança dans l'ascension du large escalier qui desservait le palier du premier étage. Il pénétra par la porte entrouverte de l'appartement de son collègue. Son ami gisait sur le dos. Sa tête était tournée vers sa gauche et il semblait regarder le sol de ses yeux grands ouverts. Un énorme caillot recouvrait sa gorge et débordait sur sa chemise et le revers de son smoking. Trochu resta quelques instants devant le cadavre de son collaborateur. Il devina sur ses lèvres comme un léger sourire, comme si l'espiègle qu'il était se réjouissait de son ultime blague. Espiègle n'était pas le mot le plus approprié. Sous des dehors sévères et austères, il cachait un tempérament de fêtard, de boute-en-train qu'aucune expérience, fût-elle extrême, ne rebutait. Il avait goûté à toutes les drogues de la terre, forniqué avec toutes les femmes qu'il avait croisées, jusqu'à ces dernières années. Il avait ensuite évolué et laissait maintenant ses pulsions le diriger vers les hommes et les enfants.

Depuis leur entrée à l'école de la magistrature, ils ne s'étaient pratiquement plus quittés. Grâce aux relations de son épouse Marie-Françoise, il avait progressé un peu plus vite que lui, mais cette supériorité hiérarchique n'avait rien changé à leur complicité, bien au contraire. Quand

Jean lui avait vanté les plaisirs de la chair masculine et fait des avances non ambiguës, il avait fini par céder. Ceci autant par curiosité que par lassitude des rapports monotones qu'il entretenait avec sa femme. L'ennui était né de l'uniformité du protocole amoureux conjugal et ce d'autant plus que le corps de Marie-Françoise n'avait plus, à ses yeux, le même attrait qu'autrefois. Il ne devait pas en être ainsi de tous les hommes qu'elle croisait, car il la soupçonnait de déroger à la fidélité éternelle qu'elle lui avait promise le jour de leur mariage. Même ce grand salopard qui gisait maintenant devant lui avait probablement partagé avec elle des moments de plaisir. Mais cela il ne le saurait jamais. Si cela avait été le cas, il se demandait si elle le vouvoyait aussi pendant l'extase. Rien n'était moins garanti ! Prendre un amant n'est-il pas, pour une femme, le moyen le plus sûr pour elle d'envoyer au diable toutes les contraintes que la société lui impose ?

Son regard embrassa soudain l'ensemble de la pièce et il aperçut, sous le téléviseur, le lecteur vidéo que son ami utilisait pour visionner les films qu'il tournait lors de ses escapades en Asie du Sud-Est. Certaines images resurgirent de sa mémoire. C'était l'été dernier, quand profitant du départ de Marie-Françoise pour San Francisco où habitait leur fille, il l'avait accompagné à Phuket, en Thaïlande. Quinze jours de folie pendant lesquels Jean avait laissé ses fantasmes s'exprimer totalement. Le jour, ils se faisaient déposer sur le sable fin d'une plage déserte des îles Phi Phi. Les baignades dans l'eau turquoise entourée de falaises abruptes succédaient aux étreintes enflammées de leurs corps. Chacun permettait alors à son imagination de s'extérioriser concrètement sous un ciel sans nuage et un environnement paradisiaque. Cela durait jusqu'au retour du canot qui les ramenait, dans le soleil couchant, vers leur petit hôtel non loin de la baie. Là, ils se changeaient pour affronter la foule des trottoirs et la circulation trépidante des milliers de deux roues qui se faufilaient sur la chaussée dans un concert de klaxons. L'essaim de la ruche asiatique soudain libéré s'envolait dans une cohue parfaitement réglée. Dans la bousculade, ils choisissaient un de ces restaurants discrets qui fleurissaient à proximité de la plage et s'attablaient à la terrasse derrière un whisky-soda. Au troisième verre, les yeux de Jean s'enflammaient et semblaient vouloir sortir de leurs orbites. Ces symptômes s'accentuaient quand passaient certaines petites motos à l'arrière desquelles des enfants étaient assis. Au guidon, le père surveillait d'un œil les clients étrangers avec lesquels il pourrait négocier les charmes de sa progéniture. Parfois, ne trouvant pas « chaussure à son pied », ou bien lorsque le « tarif » lui paraissait prohibitif, il se consolait, après le repas, en « achetant » au patron une ou deux employées qu'il choisissait parmi les plus jeunes et les plus menues.

Trochu chassa soudain les images qui lui revenaient de ces nuits torrides pendant lesquelles, de temps à autre, il tenait la caméra de Jean pour immortaliser de tels instants et égayer, disait-il, ses longues soirées d'hiver.

> — Abdel, sans patauger dans le sang, soulève délicatement le revers de son smoking et regarde s'il n'y a pas son portefeuille dans la poche intérieure.
>
> — Vous croyez ?
>
> — Non, je suis sûr ! Voilà !...Ouvre-le...
>
> — Il y a plusieurs centaines d'euros dedans...
>
> — Prends-les, ils sont à toi. De toute façon, dorénavant, il aura du mal à les dépenser. Ce sera une petite compensation au regard du préjudice que tu viens de subir en perdant un de tes meilleurs

95

clients.
- Bien Patron !
- Ne m'appelle plus ainsi, tu me donnes l'impression d'être un proxénète alors que je suis simplement en train d'essayer de vous sauver la mise.
- Mais comment cela ? demanda alors Ahmed qui s'était hasardé dans l'embrasure de la porte.
- Ah ! te voilà toi ! Je ne crois pas t'avoir invité à monter avec nous.
- Je m'excuse, Monsieur le Procureur Géné...
- Maintenant que tu es là, tu vas me faire disparaître ce lecteur vidéo et tous les disques que tu trouveras.
- Bien Patron !
- Ce que je viens de dire à Abdel est aussi valable pour toi. Restes-en à « Monsieur le Procureur » et pas « patron » ! Et fais attention où tu mets les pieds !
- Oui, Monsieur le Procureur.
- Que dois-je faire des cartes bancaires ? demanda alors Abdel.
- Montre-moi !...Une Visa et une American Express. Garde-les précieusement.
- Mais je n'ai pas le code.
- Je t'expliquerai plus tard. Prends aussi son portable dans la poche de son pantalon et échappe-toi. Ne l'égare pas, je te sonne d'ici quelques heures sur ce même téléphone.
- Bien Pat... Monsieur le Procureur Général. Je me tire et j'attends votre appel.

Trochu réfléchit encore quelques minutes devant le cadavre de son ami et se décida à quitter l'appartement en laissant la porte légèrement entrouverte.

Ahmed n'avait pas perdu de temps et avait déjà placé le lecteur vidéo sous son poste de télévision et avait commencé à effectuer les branchements.

- Tu ne trouves pas que tu vas un peu vite. Sors-moi tout ce matériel de là. Tu feras tout ce que tu voudras lorsque les policiers seront passés.
- Bien ! Monsieur le...
- D'ailleurs, appelle-les tout de suite.
- Les policiers ?
- Pas la pute du coin, ce n'est pas le moment !
- Je ne connais pas le numéro. Je n'ai pas l'habitude de téléphoner à ces gens-là, moi !
- Tu n'as qu'à faire le 17.
- Et qu'est-ce que je leur raconte ?
- Que Monsieur le Procureur Jean de la Porte a été assassiné dans son appartement. C'est tout ! Tu m'entends, c'est tout. Moins tu en diras, mieux ce sera ! pour vous et surtout pour Abdel.
- Je ne comprends pas !
- Le premier soupçonné de ce meurtre, ce sera lui, c'est évident !
- Mais ce n'est pas vrai. On était tous les deux occupés à regarder un porno devant ma télé.
- Oui, je sais, mais, les flics ne s'embarrassent pas de témoignages venant d'un frangin, qui plus est, concierge... ça dit tout et n'importe quoi, un concierge, c'est bien connu ! Surtout quand c'est un homme qui passe son temps à des activités honteuses.

Ahmed appela donc la police. La pauvre fille au standard lui fit répéter plusieurs fois que la victime était bien le procureur en personne.

— Bon maintenant, tu regagnes ta loge pendant que je m'absente quelques minutes. Avant de partir, j'insiste bien : tu en dis le moins possible aux flics. Si tu commences à avouer que tu as volé le lecteur vidéo, je ne donne pas cher de la liberté de ton frère ni de la tienne. Tu vas te retrouver en prison, à Gradignan, sans avoir compris les raisons de ton arrestation !

— Mais, ce n'est pas moi qui...

— Mais non, ce n'est pas toi, c'est donc ton frangin, c'est bien connu ! Sur ce constat, à tout à l'heure. J'entends déjà le fourgon de police...

Le Procureur Trochu s'installa au volant de sa limousine et démarra pour stopper à une centaine de mètres de là. Il patienta ensuite en écoutant la radio. Un speaker racontait sur un ton qui se voulait pathétique, une rocambolesque histoire d'assassinat sur les bords de la Charente. Il changea de station pour s'arrêter sur des émissions musicales. Soudain, son téléphone vibra dans son pantalon. « Les voilà qui se réveillent », pensa-t-il en attendant une longue minute avant de décrocher.

— Brigadier-chef Cazeneuve ! Je désire parler à Monsieur le Procureur Général de la République.

— C'est moi ! bon Dieu, mais qu'est-ce qu'il vous prend de me réveiller à cette heure-là ?

— Monsieur Jean de la Porte vient d'être assassiné et j'ai pensé que je devais vous tenir au courant.

— Ce n'est pas vrai, ce n'est pas possible, pas lui. Vous avez prévenu le commissaire.

— Oui, bien sûr. Il va se rendre sur place d'un instant à l'autre, je suppose.

— J'y serai aussi ! Merci et au revoir brigadier !

Trochu patienta encore quelques minutes puis démarra à

nouveau pour ranger son véhicule le long du trottoir, une dizaine de mètres derrière le fourgon de la police, dans la rue de la Fusterie. Un agent en tenue s'avança et il sortit aussitôt sa carte barrée de tricolore ce qui eut immédiatement pour effet de le faire se camper dans une position parfaite de garde-à-vous. Il descendit et s'approcha de la porte de l'immeuble. Un autre gardien de la paix en contrôlait l'accès.

– Le commissaire n'est toujours pas là ? demanda-t-il en feignant d'être contrarié.

– Il ne va certainement pas tarder.

À cet instant des pneus crissèrent sur le goudron derrière la voiture du procureur.

– Le voici justement, lança le policier.

Trochu reconnut le commissaire Lagardère à sa silhouette un peu courbée et à sa façon de marcher, à petits pas pressés. Il n'aimait pas cet homme, cet ivrogne souvent grognon qui travaillait à l'ancienne, un peu au feeling. Cela faisait trop longtemps qu'il régnait sur la sécurité de la ville. Il préférait les indics aux scientifiques et conférait autant de poids aux paroles des délinquants qu'à celle des notables, surtout des politiques. Mais quand donc sa hiérarchie comprendrait-elle qu'il était grand temps de le mettre au placard ? Il donnerait bien un petit coup de main au Préfet pour qu'il prenne cette décision salutaire !

Les vices et l'argent

L'interrogatoire d'Ahmed avait épuisé Lagardère qui décida d'aller boire une bière à proximité de la Flèche Saint-Michel. Il s'assit à la terrasse du Tupina, quai Sainte-Croix. Cela lui permit de retrouver un peu de sérénité sans pour autant quitter l'environnement de son enquête. En effet, le procureur était probablement passé devant cet établissement avant de croiser son funeste destin en regagnant son appartement. Ce soir-là, il rentrait en compagnie de son assassin. Peut-être avait-il même franchi la porte de ce bistrot pour savourer un dernier whisky. Où les deux hommes s'étaient-ils rencontrés ?

La question demeurait sans réponse et ce ne sont pas les putes qui lèveraient l'incertitude. Il prit son portable et appela Gilbert :

— Oui, Patron, vous avez besoin de moi ?

— Va donc faire un tour au Grand Théâtre et demande à la direction à quelle heure s'est achevée la représentation de dimanche soir.

— À onze heures trente, Monsieur le Commissaire.

— Mais comment sais-tu cela ?

— Nous avons sans doute les mêmes idées. J'ai téléphoné aux réservations et ils m'ont donné l'information. Jean de la Porte avait un abonnement concernant les différentes manifestations lyriques ou théâtrales qui s'y déroulaient.

— Et à quelle heure le standard a-t-il reçu l'appel

d'Ahmed ?

– Deux heures seize, la fille de garde l'a noté sur son registre.

– Il a donc mis deux heures trente environ pour regagner son logis.

– C'est bien ce que j'avais estimé, Patron !

– Gilbert, fais-moi penser à proposer à l'administration de t'accorder l'avancement que tu mérites.

– Merci Patron. Voulez-vous autre chose ?

– Oui, si tu l'as, peux-tu m'envoyer la photo de la victime ?

– J'ai cela. Elle est toute fraîche, si l'on peut dire. Le Docteur Desgranges m'en a fait parvenir une. On le croirait vivant. C'est comme s'il me regardait. C'est étrange... vous devez l'avoir reçue !

– Merci, c'est parfait.

Lagardère décida de reconnaître, à pied, le chemin qu'avait dû parcourir le procureur depuis sa sortie du Grand Théâtre. Il régla sa bière et héla un taxi qui fit un grand détour pour l'amener au pied du célèbre édifice. De là, il descendit le cours du Chapeau Rouge et gagna le quai du Maréchal Lyautey en suivant la rue Esprit des lois. Jusque là, rien ne lui permit de déceler un quelconque lieu de rencontre. Il remonta la Garonne, passa entre la Place de la Bourse et le Miroir d'eau pour emprunter ensuite le Quai de la Douane. Il s'arrêta dans un café appelé « Chez Yuri » et commanda une autre bière. Il demanda au serveur à quelle heure la maison avait tiré son rideau dimanche soir et s'entendit répondre qu'ils étaient fermés ce jour-là.

– Excusez-moi encore, avez-vous déjà vu cet homme ? questionna Lagardère en présentant l'écran de son portable.

- Non ! ce portrait ne me dit rien. Cette personne n'est pas cliente pas chez nous. Vous aviez rendez-vous avec lui dans notre établissement ?
- Pas du tout, et ce n'est pas demain la veille. Merci quand même.

Hugo termina son bock, régla l'addition et reprit sa route. Il quitta momentanément le quai Richelieu qu'il venait à peine d'emprunter pour suivre une voie parallèle, la rue du Quai Bourgeois. Il stoppa un instant devant une lourde porte en bois au milieu de laquelle se découpait un judas grillagé. Au-dessus de l'ouverture, il y avait une inscription en fer forgé : « L'Antre du Corsaire » et légèrement en dessous et en caractères beaucoup plus petits : « Club Privé ». Il frappa à plusieurs reprises, mais sans succès et reprit sa progression. Jusqu'au cours Victor Hugo, il pénétra dans tous les bistrots. Certains tenanciers reconnurent le procureur, mais aucun ne put confirmer l'avoir réellement aperçu dans la soirée du dimanche de Pâques. Son dernier arrêt fut « Chez Tonton », quai des Salinières. On y connaissait très bien Monsieur Jean qui avait l'habitude de venir y déguster un brunch. Tous les employés et le patron regretteraient cet homme intègre qui avait sa place réservée, dans un coin de la salle, avec vue sur la Garonne. Seulement, le dimanche de Pâques, le café n'avait pas levé son rideau de la journée.

Un peu dépité, Hugo remonta dans sa voiture et emprunta le Pont de Pierre pour aller rejoindre son ex à Cenon. Linda regardait un feuilleton à la télévision.

- Tu reviens me voir ? dit-elle en lui ouvrant la porte. C'est que l'auberge ne t'a pas déplu ou bien que tu es encore en manque. Je ne t'avais pas rencontré depuis trois ans et te voilà de retour deux

103

jours de suite.

– Tu me chasses ou bien je t'invite au resto ?

– Si tu me prends par les sentiments... juste le temps de m'habiller un peu et je suis à toi.

Elle s'éclipsa quelques instants et revint dans une robe foncée qui atténuait un peu ses rondeurs.

– Et où m'emmènes-tu ?

– Dans un petit troquet sympa, sur les quais, il s'appelle chez Yuri. J'y ai bu un verre cet après-midi et il avait l'air très accueillant.

– Alors, d'accord pour Yuri. J'espère qu'on ne sera pas encore dérangés par un procureur en mal de compagnie.

– Tu n'attends qu'une chose, c'est la façon dont je vais le rabrouer.

– Après le repas, chez qui finissons-nous la soirée ?

– Je n'ai pas eu le temps de faire le ménage. C'est un coup à divorcer de nouveau.

Le serveur les plaça à une table près des quais de sorte qu'ils pouvaient voir passer les derniers bateaux mouches sur la Garonne. Tous deux commandèrent une lamproie à la bordelaise arrosée d'un Grave sans trop de bouteille. Tout en savourant la tendre texture de la chair associée à la douceur épicée des poireaux baignant dans la sauce au vin, ils se racontèrent leur vie de célibataires. Rien de très glorieux ni d'un côté ni de l'autre. Des aventures sans lendemain qui leur faisait regretter le temps du début de leur expérience commune. L'alcool avait tenté de compenser un bonheur dont ils ne connaissaient plus ni le goût ni l'odeur, mais sans succès. Le métier de flic n'avait pas non plus arrangé les choses. L'indisponibilité de Hugo avait sans doute été la cause de l'infidélité de Linda et tout cela avait dégénéré jusqu'à la rupture. Il convinrent qu'il était grand temps de renouer les liens ou bien de passer définitivement à autre chose.

La tarte Tatin, flambée à l'armagnac, qu'apporta le cuisinier en personne fut un vrai régal et permit à Hugo suggérer une promenade sur les quais jusqu'au Miroir d'eau, histoire de digérer un peu. Les lieux n'étaient plus fréquentés que par quelques adeptes du roller et quelques amoureux en mal d'intimité. Pour regagner la voiture, Hugo insista pour emprunter la rue du Quai Bourgeois et c'est là que Linda remarqua que son ex inspectait plus que de coutume les superstructures alentour.

— Tu recherches les belles accoudées aux balcons ? demanda-t-elle ironique.

— Non, je suis passé par là cet après-midi, comme je te l'ai dit et j'ai omis de vérifier s'il y avait des caméras qui filmaient le quartier. Tiens, regarde en voilà une.

— Mais on a le droit de circuler bras dessus bras dessous. Tes patrons aussi suspicieux soient-ils, ne nous le reprocheront pas !

— Tu sais, mes supérieurs, maintenant je m'en fous un peu. Mon plan de carrière est derrière moi et il n'est pas extraordinaire. Tu comprends, je suis passé là, dans cette rue, et cette porte m'avait intrigué. On dirait une boîte de nuit. Tu n'as pas envie de danser ? Cela nous remémorerait notre rencontre, tu te rappelles ? C'était au bal des pompiers de Lormont.

— Même que tu valsais rudement mal ! Mes pieds s'en souviennent. Frappe, on va bien voir si tu as fait des progrès.

Le judas s'ouvrit dans un bruit de verrou de prison et une grosse tête rasée apparut derrière la grille.

— Que désirez-vous ? C'est un club privé !

— Merci, répondit le policier, je sais lire. Mais peut-être pourrions-nous danser tout de même ?

— Mais non, je vous ai dit que c'était privé. D'ailleurs, ici il n'y a que des hommes. On n'accepte pas les couples hétéros.

Linda partit d'un immense éclat de rire et recula sur la chaussée en entraînant avec elle son cavalier dépité. Celui-ci, déçu de ne pouvoir lui montrer ses progrès en matière de tango, déplora surtout de ne pouvoir poser quelques questions indiscrètes au sbire gardien des lieux. Il ne le regretta pas. Sa compagne n'aurait peut-être pas apprécié qu'il mêle, comme autrefois, travail et loisirs.

Faute de trouver une boîte où finir la soirée, ils rentrèrent chez elle pour dépenser leur énergie superflue dans un corps à corps endiablé. À croire qu'ils voulaient rattraper le temps perdu à chercher ce qu'ils avaient eu, sans le réaliser vraiment, pendant des années sous leurs mains.

Quand le commissaire entra dans le bureau d'Alexia, celle-ci vérifiait les comptes du Procureur Jean de la Porte.

— Qu'as-tu découvert ? demanda-t-il aussitôt.

— Je suis remontée plusieurs années en arrière et la chose la plus étonnante que j'ai observée, est que le procureur ne faisait jamais de retrait de liquide. À croire qu'il réglait tout par carte bancaire. Même moi, qui n'ai pas son salaire, je n'y parviendrais pas.

— Combien touchait-il par mois ?

— Il gagnait 4325 euros. Pas mal, non ?

— La petite cagnotte qu'il conservait dans son coffre ne provenait donc pas de ses émoluments. Intéressant !

— Certainement !

- Tu n'as pas eu le temps d'examiner les disques qu'on a saisis chez ce brave Ahmed ?
- Non, Patron. J'ai fait la demande aux services techniques, mais ils ne me les ont pas encore fournies. Gilbert m'a prévenue que je risquais d'être assez choquée, alors je m'attends à tout.
- C'est pire ! Inimaginable et je pèse mes mots !
- Excusez-moi, Patron, j'allais oublier une information importante.
- Je t'écoute.
- Depuis hier matin, Monsieur Jean de la Porte a fait deux virements par carte bancaire. Le premier pour l'achat d'un billet d'avion sur la Malaysia Airlines et le second pour une réservation dans un hôtel de Kuala Lumpur.
- Le transfert aérien, quand était-ce ?
- C'était un « last minute » avec un départ hier soir de Roissy.
- Trop tard, l'oiseau s'est envolé. Il est allé dans quel « Resort » ?
- J'ai noté cela je ne sais plus où... Une appellation, si j'ose dire, à coucher dehors... le Furama Bukit Bintang Hôtel.
- À quel nom toutes ces transactions ?
- Ah ça ! Patron, je n'ai pas encore eu le temps de me pencher sur le sujet. Je m'y mets dès que je trouve une minute.
- Quoi qu'il en soit, le mec n'a pas froid aux yeux.
- Pourquoi cela ?
- La compagnie n'a pas bonne presse après leurs deux avions qui se sont crashés. Le fugitif n'a pas réalisé le danger. As-tu aperçu Gilbert ?

– Il m'a indiqué que vous lui aviez envoyé un message ce matin pour une histoire de caméra de surveillance... il est parti chercher le disque. Il ne devrait plus en avoir pour très longtemps.

– Si tu le vois, dis-lui que je suis en salle d'interrogatoire avec Ahmed. J'ai encore quelques précisions à lui demander.

Comme toujours, Lagardère laissa moisir Ahmed, assis sur sa chaise et avachi sur la table devant lui, un délai suffisant pour le faire gamberger. Il profita de ces instants pour consulter les articles relatifs à l'affaire, dans le journal Sud-Ouest. La une était consacrée à l'assassinat du magistrat. Il sourit quand il rencontra, dans le texte, des précisions qu'il avait fournies à son copain Lalanne. Celui-ci s'excusait, entre autres, pour le léger retard dans la transmission de l'information, le quotidien étant sous presse lorsqu'il avait été alerté sur la réalité du drame. Le rédacteur s'épanchait sur les qualités éthiques et la probité de la victime. Une carrière exemplaire interrompue trop vite. Une perte immense pour la justice de notre pays et en particulier pour la Gironde.

Lagardère pensa que le journaliste savait pertinemment que Jean de la Porte était loin d'être l'homme qu'il décrivait ainsi, mais la mort n'efface-t-elle pas les petits travers de ceux qu'elle frappe ? L'hypocrisie s'installait toujours au bord de la tombe, mais n'était-ce pas là le meilleur endroit pour oublier ?

Revenant à des considérations moins « terre-à-terre », il se rendit auprès du concierge qui en le voyant arriver, clama haut et fort :

– Je veux un avocat.

– Il est en route. C'est un professionnel commis d'office, car les avocats n'acceptent que les paiements par carte bancaire et tu m'as affirmé que ce n'était pas toi qui avais emprunté celles du procureur.

– Non, ce n'est pas moi, c'est Abdel.

– Dis-moi, ton frère s'est-il déjà rendu en Malaisie ?

– Je ne sais pas ce que c'est !

– C'est un pays lointain où on aime bien les petits enfants, au point même de les prêter aux étrangers, comme en Thaïlande.

– Il ne m'a jamais parlé de ces endroits. Il ne m'a toujours causé que des gitans.

– Peut-être se lance-t-il dans les échanges internationaux, maintenant qu'un de ses meilleurs clients s'en est allé ?

– Je ne sais pas, appelez mon avocat !

– Il a dû se perdre dans les embouteillages ! Une dernière chose, demain c'est la fin de ta garde à vue.

– Vous me rendez ma liberté ?

– Non, tu seras sans doute inculpé. L'affaire est dans les mains du Procureur Général, c'est lui qui statue.

– Ah bon, acquiesça Ahmed un peu rassuré d'apprendre que ce serait Monsieur le Procureur Général qui déciderait de son sort, plutôt que ces stupides flics qui ne voulaient que le faire parler.

– Cela a l'air de ne pas te déplaire.

– Je n'ai rien dit, Monsieur le Commissaire, je n'ai rien dit !

Pendant qu'un agent en tenue raccompagnait le concierge dans sa cellule, Hugo se rendit dans le bureau de Cazeneuve. Il tentait de caler les séquences vidéo de la caméra de la rue du Quai Bourgeois, aux alentours de onze heures trente, dimanche soir.

— Bonjour Patron ! J'ai eu du mal à me procurer l'enregistrement. Le gars, à la police municipale, voulait une réquisition signée du procureur. On a discuté un moment. Il fait du rugby en amateur à Bègles et moi à Mérignac.

— Alors entre frères du ballon ovale, il n'y a pas de papiers qui comptent, tout est dans la confiance.

— Comme vous dites ! L'Ovalie est un paradis réservé à quelques initiés. Regardez ! il est pratiquement minuit moins le quart, un homme seul s'engage dans la rue. Il est de dos et on ne peut pas le reconnaître. Là, il s'arrête devant « L'Antre du Corsaire » et se retourne pendant une fraction de seconde. On ne peut pas détailler son visage, mais observez bien les revers de sa veste. Ils sont luisants comme le seraient ceux d'un smoking.

— Tu as raison, mais ce n'est pas suffisant pour une identification.

— L'homme ressort à minuit cinq et des poussières, mais il n'est pas seul. Le type qui l'accompagne est un peu plus grand que lui, dans les un mètre quatre-vingt et porte un chapeau mou. J'ai l'impression, sur certaines vues, d'apercevoir quelques cheveux bouclés qui dépassent des lobes des oreilles.

— C'est un peu juste pour identifier un mec !

— On les retrouve filmés par une caméra, pas très loin du Pont de Pierre. Ils entrent dans une brasserie britannique, le Sweeney Todd's de laquelle ils sortent un quart d'heure plus tard. Il est alors zéro heure trente.

110

– Pour gagner la rue de la Fusterie, il leur a fallu à tout casser dix minutes. À quelle heure as-tu été prévenu de l'assassinat ?

– Deux heures dix-sept ou dix-huit.

– Ils sont donc restés plus d'une heure trente dans l'appartement du procureur avant qu'Ahmed entende le corps du magistrat tomber sur le sol. Qu'ont-ils fait pendant ce temps là ?

– Ils ont pu prendre un ou deux verres, mais pas s'envoyer en l'air. On a retrouvé Jean de la Porte dans son smoking. Il ne devait pas être du genre à roucouler tout habillé.

– Il y a une autre explication, c'est que Ahmed a encore menti. Il n'a peut-être pas appelé le standard aussitôt après avoir découvert le corps. Et si on lui demandait ?

– J'ordonne qu'on le ramène dans la salle d'interrogatoire.

Les deux policiers prirent le temps d'aller boire une bière chez le Chinois avant de se présenter devant le concierge. Celui-ci n'était plus seul. Un avocat avait pris place à ses côtés. L'homme de loi manifesta aussitôt des signes évidents d'impatience.

– Pensez-vous, Messieurs, qu'un avocat désigné d'office, n'a que cela à faire, que d'attendre votre bon vouloir ?

– Commissaire Lagardère. Excusez-moi, je n'ai pas compris votre nom ?

– Vous ne me l'avez pas demandé. Maître Hubert Prat, avocat à la cour. Mon client vous a dit tout ce que vous désiriez entendre avant mon arrivée. Il s'est même plaint de torture morale et d'aveux suggérés par vos soins. J'en aviserai le parquet afin qu'il sache comment les braves gens sont traités dans cette ville. Que lui reprochez-vous exactement ?

— Rien, mis à part qu'il a volé le lecteur vidéo du Procureur Jean de la Porte et qu'il nous a menti à plusieurs reprises dans ses diverses déclarations afin d'orienter cette enquête pour assassinat vers de fausses pistes.

— Et c'est pour avoir dérobé un appareil de quatre sous et s'être laissé influencer par vos questions qu'il appréhende d'ailleurs très mal que vous le mettez en garde à vue ?

— C'est cela. Nous aurions aussi aimé comprendre pourquoi il a attendu plus d'une heure après la mort du magistrat, avant d'appeler la police.

— C'en est assez, vous le savez déjà, il vous l'a dit, c'était pour prendre ce maudit lecteur dont il rêvait depuis des mois. Vous qualifiez cela de vol et c'est pourtant loin de correspondre à la gratification qu'il mérite depuis le temps qu'il trime pour son maître.

— Un pauvre esclave, quoi ?

— Je n'osais pas employer ce terme, vous l'avez fait à ma place. C'est parfait. Vous allez le libérer maintenant, je pense ?

— Ce n'est plus de mon ressort. J'ai demandé à Monsieur le Procureur Général sa mise en examen pour vol et entrave à l'enquête criminelle. Je suppose que je ne saurai jamais pourquoi il a perdu tant de temps pour nous prévenir.

— Mais il n'a pas attendu ! Dites-lui, Monsieur Béchir, dites-lui !

— Je n'ai pas attendu.

Lagardère sortit du local, complètement écœuré, sous le regard amusé d'Ahmed. Ce dernier tendit volontiers ses mains à l'agent qui lui passait les menottes pour le raccompagner dans sa cellule.

Lagardère allait pénétrer dans son bureau quand la standardiste, paraissant très préoccupée, vint lui annoncer que Monsieur le Procureur Général était en ligne. Il semblait très impatient. Hugo lui fit répondre qu'il était encore en salle d'interrogatoire et qu'il n'était pas disponible pour l'instant.

- Qu'il rappelle demain ! Le temps que je perds avec lui, je ne le passe pas à l'enquête ! Il me pompe l'air et je reste poli !
- Je... je lui dis tout cela ?
- Racontez-lui ce que vous voudrez, mais qu'il me foute la paix ! hurla-t-il afin que ses éclats de voix parviennent jusqu'au standard.

La secrétaire revint quelques instants plus tard pour l'informer que le procureur avait raccroché quand elle avait repris le téléphone. Elle transmettrait le message s'il rappelait en essayant d'employer des termes moins crus.

Nomination

Le Procureur Général Trochu avait fort peu apprécié l'interrogatoire qu'il avait subi de la part de Lagardère. Il s'était senti humilié et cela ne resterait pas lettre morte.

En rentrant au Palais de Justice, il rendit immédiatement visite à la greffière de son ancien ami. Celle-ci, toute habillée de noir, s'occupait, comme elle le pouvait, des dossiers en souffrance que lui avait laissés le procureur décédé.

Depuis fort longtemps, Trochu avait compris qu'elle vouait à son supérieur une affection sans limites qui aurait pu aller bien au-delà de l'admiration, si celui-ci s'était montré un peu intéressé. Depuis vingt ans, elle avait dû se contenter de rapports courtois et son humeur, au fil des ans, s'était dégradée au point que ses collègues la qualifiaient d'acariâtre. Elle avait même surpris quelques camarades parlant entre eux, l'appeler Mamie Danièle, ce qui n'avait fait qu'aggraver son aigreur. Son attitude eut été bien différente s'il lui avait simplement confié qu'il était gay. Peut-être craignait-il que cela ne s'ébruite et ne parvienne aux oreilles de certains avocats qui auraient tiré profit, dans leurs plaidoiries, de ses penchants sexuels.

— Ma chère Suzanne, dit-il en entrant sans frapper dans le bureau, vous devez être anéantie, tout comme moi !

— Quelle catastrophe, un homme si sérieux, si serein, si aimable, il n'y a plus de justice sur cette terre !

— Oh ! Suzanne ! répondit-il en feignant de

s'offusquer, ce n'est pas le lieu pour de telles affirmations... vous vous fourvoyez !

— Excusez-moi, Monsieur le Procureur Général, ce n'est pas ce que j'ai voulu insinuer. Il ne méritait pas de partir, si jeune, si intègre... pas de la sorte, dans ce que je suppose être une vengeance ou un règlement de comptes.

— Je suis venu vous rencontrer pour partager notre peine commune d'avoir perdu un ami, mais aussi pour vous informer de l'interrogatoire que vous seriez à même de subir.

— Mais je n'ai rien à voir dans cet affreux assassinat, je ne comprends pas pourquoi on voudrait m'entendre, s'offusqua-t-elle aussitôt.

— Ce n'est pas ce que j'ai dit. La police va chercher à cerner la personnalité de Jean. Qui est la mieux qualifiée pour parler de lui, sinon vous ? Vous savez bien qu'il n'avait plus de parent et qu'il était célibataire.

— Me convoquer, moi ? Mais c'est terrible, je n'ai jamais subi ça !

— Ne vous inquiétez pas, Suzanne. Vous ne risquez rien ! C'est pour attraper l'assassin de Jean.

— Ah bon, vous me rassurez.

— Le seul petit problème est que c'est le commissaire Lagardère qui a l'affaire en main. Vous le connaissez peut-être ?

— Non, seulement par les journaux.

— C'est un homme un peu lunatique et qui touche à l'alcool, alors si j'étais à votre place... je lui en raconterais le moins possible. On ne sait jamais. D'ici qu'il recherche un éventuel conflit entre Jean de la Porte et vous, il n'y a pas des kilomètres.

— Heureusement que vous me dites ça. Je me serais retrouvée en prison... merci Monsieur le Procureur Général, merci infiniment.

Trochu quitta Mademoiselle Suzanne Quartier assez satisfait de son influence sur la greffière. Le seul risque était qu'elle rapporte au commissaire les sous-entendus qu'il avait proférés à son encontre et c'était maintenant tout à fait improbable.

Il retourna dans son bureau pour consulter ses e-mails sur son ordinateur puis il sortit du Palais de Justice et décida d'aller se promener du côté de la place de la Victoire. Il finit par s'installer à la terrasse du « Café Auguste » et commanda une bière. Il se remémora les difficultés qu'il avait eues la veille pour découvrir une des dernières cabines téléphoniques encore en service dans un des angles de l'esplanade. Il avait alors appelé le portable de Jean de la Porte. Très vite, il avait reconnu la voix d'Abdel.

— Écoute bien ce que j'ai à te dire, nous n'avons qu'une minute à peine pour parler.
— Oui, Mons...
— Tais-toi, bon sang ! Avec le téléphone que tu tiens dans la main, ce doit être un 3G...
— C'est quoi ça ?
— T'occupe ! Tu vas sur Google et tu tapes TRIPADVISOR. Là, tu réserves un vol pour Kuala Lumpur en last minute. Répète !
— TRIPADVISOR Kuala Lumpur last minute !
— Tu règles avec la Visa. On te demandera le numéro qui est en relief et la date de péremption de la carte... enfin, tu te débrouilles.
— J'ai déjà vu Zita le faire.
— Mais, bon sang, vas-tu te taire !

– Excusez-moi, Monsieur le Pro...

– Ok, j'ai compris. Après avoir eu ton vol, tu rappelles TRIPADVISOR et tu achètes un séjour dans un hôtel de cette ville, le Furama Bintang et tu paies avec la carte American Express. D'accord ?

– Oui, Mon...

– Salut. Une dernière chose : avant de monter dans l'avion, tu éteins le portable et tu ne le rallumes plus. Ok ? sinon le commissaire Lagardère pourrait bien te retrouver pour te laisser moisir dans une geôle de Gradignan. Compris ? Il ne te porte pas dans son cœur !

– Bien, Mon...

La conversation avait pris à peine plus d'une minute. Il serait vraiment très étonnant que le téléphone de De la Porte soit déjà sur écoute. Ces imbéciles de flics devaient encore le chercher dans les plis du canapé de son salon.

Il sirota lentement sa bière et régla sa consommation puis rentra chez lui. L'accrochage avec Lagardère le matin même et l'interrogatoire qu'il avait subi, l'avaient excédé. Il avait besoin de se ressourcer en se promenant dans le parc de la magnifique maison bourgeoise qu'il avait achetée, plusieurs années auparavant, à Léognan. Enfin, achetée, pas tout à fait acquise, pas lui-même. Il avait simplement « placé » l'argent dont avait hérité Marie-Françoise à la mort de ses parents, dans un accident d'avion. Une bonne affaire qu'il avait alors réalisée. Non seulement le prix était attractif, mais le bien entrait automatiquement dans la communauté et il en devenait le copropriétaire.

Il s'était assis sur un banc de pierre, sous un tilleul, quand sa femme vint le rejoindre.

— Il y a longtemps que vous êtes là ? Je ne vous ai pas entendu arriver.

— Quelques minutes à peine.

— Alors, l'enquête sur l'assassinat de ce pauvre Jean, ça avance ?

— Non, c'est trop tôt. Ils sont encore en train de cuisiner ce brave Ahmed, le concierge. Pour l'avoir rencontré une fois ou deux, je peux vous dire qu'il n'est pas très malin. Il est capable d'affirmer une chose et son contraire dans la même phrase.

— C'est quand même bien triste que Jean finisse ainsi. Il était si aimable, si prévenant... Dieu a dû l'accueillir à bras ouverts dans son paradis.

— N'exagérez pas trop !

— Enfin Charles ! Vous n'allez tout de même pas discréditer un mort ! Ce serait indigne !

— Sans calomnier, on ne peut pas saluer un saint, sinon alors que suis-je ?

— Vous êtes imbu de vous-même, voilà ce que vous êtes, un orgueilleux, Monsieur ! Je me sauve. D'ailleurs c'est bientôt l'heure de mon cours de bridge.

Trochu se retrouva à nouveau seul sur son banc. Jamais il n'avait été aussi prêt à ressembler à ceux qu'il accusait des pires crimes de la terre. N'importe quel confrère pouvait maintenant l'inculper de complicité de pédophilie et le traîner devant une cour d'assises. Sans l'effrayer, cette éventualité lui fit ressentir une décharge d'adrénaline comme il n'en avait pas connue depuis bien longtemps. Il en tira même un certain plaisir. C'était peut-être cela l'éternelle recherche de Jean. Depuis qu'ils s'étaient rencontrés au lycée Montaigne d'abord puis à la fac de droit ensuite, ils ne s'étaient plus vraiment quittés. Son ami lui avait offert sa première cigarette. Ensemble, ils avaient goûté au LSD, puis à la marie-jeanne comme on disait à cette époque. Insatisfait, Jean avait alors versé dans l'héroïne et la cocaïne, à l'occasion de réunions estudiantines, dans les communs des bâtiments des chambres universitaires. Il n'avait pas suivi, mais, curieux, il accompagnait son camarade. Il le ramenait souvent dans son lit, complètement shooté, en se demandant toujours s'il se réveillerait le lendemain matin.

Parallèlement à cette auto-destruction plus ou moins contrôlée, il menait des expériences de spiritisme. Certaines soirées de soûlographie collective se terminaient parfois autour des tables octogonales de la cafétéria. De la Porte jouait alors au maître de cérémonie et appelait les esprits que les convives aux trois — quarts ivres n'avaient aucune difficulté à entendre taper du pied, pour répondre à ses solennelles questions. Il versa ensuite dans le vaudou ou encore le satanisme et dans toutes sortes de rites ésotériques sortis d'on ne sait où.

Sa sexualité n'était pas en reste. Les étudiantes les plus curieuses, informées de l'étrangeté de ses pratiques, voulaient connaître des sensations nouvelles et se prêtaient volontiers à ses caprices pervers. Certaines regrettèrent longtemps de s'être laissées entraîner dans des soirées sadomasochistes particulièrement traumatisantes.

C'était l'époque où Trochu fréquentait Marie-Françoise et il ne suivit que de loin les expériences érotiques de Jean. Il avait d'autres préoccupations beaucoup plus terre à terre. Son but était de devenir un notable. Jean, lui n'en avait cure, il l'était déjà, de par son titre de noblesse. Il était, disait-il, Vicomte de la Porte, dynastie dont il était l'ultime représentant et qui remontait à Charlemagne.

Émergeant de sa méditation, il réalisa que demain Ahmed

serait sans doute déféré devant la justice, après quarante-huit heures de garde à vue, et qu'il devrait désigner un juge d'instruction. Il demanderait à Paul Andouard de diriger cette délicate mission. Le magistrat, de petite taille, était sec comme un coup de trique, aussi bien physiquement que moralement. Teigneux, il méprisait ses interlocuteurs en les regardant par dessous en tournant légèrement la tête et en arborant un sourire moqueur. Il était totalement inféodé à sa hiérarchie et ne faisait rien sans rendre des comptes ou s'enquérir d'une orientation à donner à son enquête. En quelque sorte l'homme de la situation, surtout pour embarrasser le commissaire Lagardère qui ne serait plus, entre ses mains, qu'un pantin qu'il pourrait diriger à sa guise.

Il rentra dans sa grande demeure et s'isola dans le petit bureau qu'il s'était aménagé à côté de la salle de billard. Il lui restait une dernière mission à remplir pour bien finir la journée. Il appela le Barreau des avocats et demanda à parler au bâtonnier. Après s'être présenté, il évoqua le terrible assassinat de son collègue :

- La première garde à vue, dans cette enquête, s'adresse à un certain Ahmed Béchir, le concierge de mon regretté confrère. Je souhaiterais que, pour sa défense, ne puisse être disponible qu'un avocat de renom.

- Je vous suis volontiers, une affaire aussi sensible que celle-ci... Elle a déjà commencé à défrayer les médias. Plusieurs ténors seront évidemment sur les rangs, surtout s'ils se sentent soutenus par le Procureur Général en personne.

- Vous n'êtes peut-être pas obligé de leur parler de cette dernière information. Une simple suggestion serait sans doute suffisante.

– Oui, je comprends, efficacité et discrétion. Un nom me vient spontanément, c'est Maître Prat, un grand ami à moi, qui se ferait une joie de défendre ce genre de cause. Qu'en pensez-vous ?

– Ce serait parfait. Merci beaucoup Maître !

– Au plaisir !

Perfidement, il téléphona le lendemain matin au commissariat pour demander des nouvelles sur l'avancement de l'enquête. L'attitude de l'avocat avait déjà dû attiser la colère de Lagardère quand la standardiste partit le chercher. Il perçut les hurlements provocateurs qu'il n'était pas censé entendre et cela le conforta dans son choix du juge d'instruction. Plus que quelques heures, et ce fanfaron de flic aurait ce qu'il méritait. Entre Maître Prat et Paul Andouard, il aurait peu de place pour se débattre. Le Procureur Général de la République releva la tête, bomba légèrement le torse et sourit : quelque part, il se trouvait diabolique et cela lui convenait, n'en déplaise à Marie — Françoise.

Houleuse cohabitation

Ahmed fut transféré le jeudi matin au Centre Pénitentiaire de Bordeaux-Gradignan après un court arrêt de quelques minutes au Palais de justice.

De son côté, Lagardère poursuivait son enquête sans tenir compte de l'évolution de la situation du concierge. Il avait demandé à Alexia d'examiner en continu les comptes en banques de De la Porte en attendant que les magistrats en ordonnent la fermeture et le séquestre des sommes déposées. Elle devrait aussi, dans la mesure où elle pourrait rapidement se les procurer, visionner comme prévu les horribles disques.

Gilbert fut envoyé à Périgueux pour rencontrer Zita la copine d'Abdel. Pour ne pas inquiéter la demoiselle, il décida de ne pas la prévenir de son arrivée. Le policier frappa à la porte de la maison mitoyenne qu'elle habitait. Une jeune femme, plutôt mignonne, très maquillée et portant une grosse natte brune sur le côté droit de la tête lui ouvrit. Elle lui demanda avec un accent maghrébin prononcé ce qu'il désirait.

— Je suis le brigadier-chef Cazeneuve et je voudrais vous entendre au sujet d'un certain Abdel Béchir.

— Entrez ! soyez bref, car je devrais déjà être au travail depuis un quart d'heure. Je fais les shampoings chez une coiffeuse du centre-ville.

Elle le fit s'asseoir dans un canapé de skaï beige et elle prit place dans le fauteuil assorti qui le jouxtait.

— Vous savez, Abdel, c'est mon copain, mais,

comment dire, je ne le croise pas souvent. Il s'arrête quand il passe par là !

— Quand l'avez-vous vu pour la dernière fois ?

— C'était, attendez que je me souvienne, lundi matin. Il est rentré très tôt, je dormais encore. Même qu'il m'a réveillée. Il était plutôt excité.

— Il vous a expliqué pourquoi.

— Oh ! Vous savez, moi je ne me pose pas de question. Quand il est dans cet état, je comprends tout de suite qu'il lui faut une gâterie, sinon il peut devenir violent. Il a ôté des bottes et s'est allongé sur le lit sans même enlever ses gants. Après son câlin, il s'est endormi très vite, comme souvent. Mais d'ordinaire il fume une clope après. Mais pas là.

— Il vous battait ?

— Pas souvent. Et quand il le faisait, il s'excusait presque aussitôt.

— Il amenait des enfants chez vous ?

— Parfois ! Vous savez, Abdel est très sensible. Il supporte mal la misère, surtout celle des gosses. Alors, il me les confiait pour que je les shampouine, les lave et les fringue.

— C'est vous qui fournissiez les habits ?

— Non, il arrivait avec. D'ailleurs, il n'avait pas très bon goût. Il voulait faire des filles des pin-up, pour qu'elles rêvent, disait-il.

— Et les garçons ?

— Il les faisait ressembler à des boys bien sûr, comme on en voit dans des revues, à la télé, pour le Nouvel An.

— Il vous donnait des sous de temps en temps ?

- Non jamais, sauf lundi, vers quatorze heures, avant de partir, il a laissé cent cinquante euros. C'était sympa, vous ne croyez pas ?
- Qu'a-t-il emporté en vous quittant ?
- Son sac, comme d'habitude. Ne me demandez pas ce qu'il contient, je ne sais pas. Je n'avais pas droit, vous comprenez. Vous en avez pour longtemps encore, la patronne va me sonner les cloches.
- J'ai presque terminé. Auriez-vous une photo de lui à me prêter ?
- Prenez ! ne l'abîmez pas, j'y tiens, dit-elle en désignant un portrait sur la cheminée.
- Je vous promets, on vous la rendra.
- Je n'ai que celle-là. Ce n'est pas que je sois très amoureuse de lui, mais je ne connais pas d'autre garçon.

Elle se leva, dégagea le cliché avec précaution de sa protection et le tendit au policier. Cazeneuve l'observa avec soin et demanda :

- Abdel possède une moto ?
- Oui, une Yamaha SR400 qu'il adore. Il a aussi deux casques. C'est pour la sécurité, surtout pour les enfants. Quand il conduit, il les met devant lui. C'est mieux, dit-il. Lorsqu'il roule avec moi, je me colle tout contre son dos. J'ai peur !
- Je peux examiner les objets personnels qu'il vous confie ?
- Il ne laisse jamais rien, vous savez. Pas même un rasoir jetable.
- Je peux voir tout de même votre salle de bain ?
- Vous ne faites pas attention au désordre. Il y a peut-être une serviette qui traîne.

Gilbert regarda un peu partout espérant distinguer une empreinte quelque part ou un simple cheveu pour effectuer une analyse d'ADN. La pièce était parfaitement propre et la jeune femme se justifia :

— Si ce sont des traces de sale que vous cherchez, vous ne risquez pas d'en trouver ! ah ça ! pour ça ! je suis maniaque. Le ménage, chez moi, c'est sacré.

— Bon, je vais vous remercier et m'excuser de vous avoir importunée. Juste avant de vous quitter, pouvez-vous me laisser vos deux numéros de téléphone ?

Zita nota sur un morceau de papier le renseignement demandé et le remit au policier en ajoutant :

— Le premier c'est le mien.

— Merci Mademoiselle.

— Mais, dites-moi Monsieur, Abdel, il n'a pas fait de bêtise au moins ?

— Non, pas à ma connaissance, mentit-il. Une simple enquête de routine. Ne vous inquiétez pas. Excusez-moi de vous avoir ennuyée.

— Vous savez, vous pouvez revenir. Je termine mon travail à dix-sept heures. Après je suis seule chez moi et je regarde la télé. En ce moment, les émissions ne sont pas très intéressantes. Il parait que je fais très bien le couscous...

— Vous êtes très aimable. Je suis sûr que vous êtes une gentille fille. Dommage que je n'habite pas la région, je crois que je viendrais souvent dîner chez vous et plus, pourquoi pas ?

— On ne sait jamais !

Il remonta dans la 204 Peugeot de service et se rendit, dans le centre de la ville, au café « Chez Pistache », à la terrasse duquel, il commanda un double-crème. Il faisait frais et personne à part lui n'avait choisi d'attendre là que le soleil soit plus généreux. Il appela son supérieur :

— Allô Patron ?

— Alors ! Gilbert, ça s'est bien passé avec la donzelle ?

— Pas mal mis à part que l'oiseau a quitté le nid sans rien laisser. Pas même un poil. Par contre, il faudrait peut-être retrouver sa moto. Une Yamaha 400cc immatriculée...

— Je note !

— J'ai du mal à voir, sur la photo que j'ai... c'est cela... c'est un numéro ancien : 2541 GCZ 24.

— Je lance immédiatement un avis de recherche. Tu rentres tout de suite ?

— Oui, à moins que le hasard me permette de croiser une charmante auto-stoppeuse, je serai à la boutique en début d'après-midi.

— D'accord ! Si tu n'es pas au rendez-vous, je préviens ta femme.

Lagardère avait à peine raccroché que la jeune secrétaire du standard accourut vers lui pour l'informer que le juge Andouard l'attendrait, avant onze heures trente, avec les toutes dernières pièces du dossier Béchir. Il désirait faire très vite le point sur la situation de ce prévenu.

Une convocation aussi brutale n'était pas de nature à satisfaire l'ego du commissaire de police. Ce n'est pas à plus de cinquante piges qu'on allait lui mettre ainsi le couteau sous la gorge. Contrarié, il entra dans le bureau d'Alexia.

— Où en es-tu, demanda-t-il avec un ton agacé. À quoi utilisait-il son fric le proc ?

— Un peu comme tout le monde : les courses, le

loyer, les impôts et les loisirs.

– En quoi consistaient ses distractions ?

– Son abonnement au Grand Théâtre et ses billets pour la Thaïlande et l'hôtel. Le plus bizarre, c'est qu'arrivé là-bas, il ne dépensait plus rien. À croire qu'il ne sortait pas, qu'il ne mangeait pas...

– C'est bien la pièce du puzzle qu'il nous manque. Il payait en liquide, mais où le trouvait-il ? Répondre à la question résoudra peut-être l'énigme de sa mort. En ce qui concerne les cartes bancaires ?

– Elles travaillent encore. L'heureux possesseur des sésames a prélevé, ce matin, 9600 ringgits, soit l'équivalent de deux mille euros. La vie est belle en Malaisie.

– Et les disques, où en es-tu ?

– Je les ai demandées, mais le séquestre judiciaire ne me les fournit pas. Ils veulent une autorisation du juge d'instruction.

– Si je comprends bien, il bloque les vidéos, mais laisse un mec se servir sur le compte du procureur, mais je rêve ! C'est bon, je vais le voir.

Hugo emporta sous son bras les doubles des dossiers concernant l'enquête et décida de se rendre à pied, au Palais de Justice. Un peu pour se détendre et beaucoup pour faire patienter ce juge trop autoritaire. Depuis qu'il avait été nommé à Bordeaux, c'est-à-dire depuis toujours, il n'avait jamais eu affaire à lui. Quand il pénétra dans son bureau, il en comprit la raison : il paraissait très jeune et devait avoir quitté l'École Supérieure de la Magistrature depuis peu. L'homme, assis derrière une table trop grande pour lui ne se redressa pas pour l'accueillir et ne leva même pas les yeux vers lui.

– Monsieur Lagardère, je suppose ?

– Commissaire ! si vous voulez bien. Bonjour Monsieur le Juge.

– Vous n'êtes pas venu pour que l'on fasse un concours de titres honorifiques, j'espère ?

– Non, mais la courtoisie détend l'atmosphère et ce n'est pas négligeable.

– Aujourd'hui, il y a du soufre dans l'atmosphère. Le meurtre d'un procureur n'est pas un assassinat comme les autres. J'ai eu le Préfet au téléphone il y a cinq minutes et il exige des résultats très rapides.

– Pardon de vous interrompre, mais vous parlez de l'affaire Jean de la Porte ou de celle d'Ahmed Béchir ?

– Ne faites pas l'innocent, Lagardère, vous savez fort bien que les deux sont fortement imbriquées !

– Commissaire !

– Pardon ?

– Commissaire Lagardère, si vous voulez bien Monsieur le Juge.

– Ne jouez pas au plus fin avec moi, Lagar...

– Commissaire !

– « Monsieur le Commissaire », si vous y tenez tant que cela. Si j'ai bien compris, Ahmed Béchir est le frère et le comparse d'Abdel.

– C'est cela. Ahmed, mis à part qu'il ment sur une affaire de meurtre, s'est rendu coupable de...

– Vol et complicité de vol, certainement, encore que ?

– Que quoi ?

– Que le délit de vol sur les biens et la personne d'un mort sans héritier sera contesté par les syndicats qu'il ne manquera pas d'appeler à l'aide. L'implication dans un réseau pédophile, ce n'est pas prouvé. Il se défendra en disant qu'il ne connaissait pas les agissements d'Abdel.

— Et l'assassinat ? Que faites-vous de l'assassinat ?

— C'est bien son frère, l'égorgeur, j'en ai l'intime conviction. C'est un geste d'islamiste cette façon d'abattre un adversaire ! D'ailleurs, où est-il ce tueur ?

— Probablement en Malaisie !

— C'est où la Malaisie ? Moi et la géographie.

— En Asie du Sud-Est, au nord de Singapour. Il doit être dans la capitale, Kuala Lumpur.

— On va lancer immédiatement un mandat d'arrêt. Greffier, préparez-moi le document pour qu'on le transmette à Interpol.

— Ce ne sera pas très efficace. La Malaisie ne court pas après les assassins français. Elle a déjà du mal à attraper les siens.

— Alors, Lagar... excusez-moi... Commissaire Lagardère, allez le chercher vous-même et ramenez-le !

— Pardon ? Je crains d'avoir trop bien saisi !

— Le Procureur Général, le Préfet, les politiques, les médias ne comprendraient pas que nous ne mettions pas toutes les chances de notre côté pour arrêter cet homme.

— Mais nous n'avons aucune possibilité d'exercer des pouvoirs de police dans un pays étranger...

— On vous les donnera Lagardère... excusez-moi, ça m'a échappé.

— Avant que j'étudie la question, pourriez-vous faire bloquer les comptes de la victime et laisser un de mes agents avoir accès aux disques pédophiles de feu le procureur ?

— En ce qui concerne la banque, je suis intervenu en vous attendant. Il faut dire que vous n'êtes pas très pressé de venir me rencontrer ! Pour les enregistrements vidéo, je ne suis pas très enclin à salir la mémoire de Jean de la Porte. C'est une affaire à exciter les journaux à scandales et ce n'est pas glorieux pour la justice. On doit aussi en tenir compte, nous avons des responsabilités morales.

— Et si ce n'était pas Abdel Béchir le meurtrier ?

— Encore une bonne raison pour l'interroger. Au revoir, Monsieur le Commissaire Lagardère, et excellent voyage ! Je contacte dès maintenant le quai d'Orsay afin qu'il facilite votre déplacement et votre accueil dans les meilleures conditions.

— Étant donné que ce genre d'enquête n'est pas dans mes attributions, je vais demander son avis à ma femme.

— Mais je vous croyais divorcé !

— Je constate que vous n'avez pas perdu de temps pour vous renseigner sur ma vie privée !

— Un commissaire de police n'a pas de vie suffisamment privée pour qu'elle ne regarde pas la nation !

— Eh bien ! La République, elle aurait mieux fait de s'intéresser à la vie privée d'un de ses procureurs ! Certains mômes, nés bohémiens ou gitans, lui en auraient été reconnaissants !

— Vous salissez la mémoire du Procureur Jean de la Porte, c'est indigne ! Adieu, Monsieur le Commissaire et bon voyage !

Lagardère ressortit du bureau du juge, excédé par tant de

cynisme et de mauvaise foi.

Pour ne pas que le dicton qui compare Bordeaux au pot de chambre de la France reste lettre morte, une petite pluie fine, très froide, s'était mise à tomber. Cela l'incita à emprunter un bus pour rentrer au commissariat. Mal lui en a pris, il était bondé et la femme qui était debout à ses côtés laissa son parapluie s'égoutter sur ses chaussures.

Il déposa ses documents dans son bureau et partit se restaurer chez le Chinois qui lui servit un cassoulet qui n'avait rien d'asiatique. Il profita de ces quelques moments de détente pour appeler Linda et lui annoncer le projet du juge Andouard de l'envoyer à l'autre bout du monde. Elle lui répondit qu'il avait oublié naguère de lui offrir un voyage de noces et qu'il n'était pas encore trop tard pour s'en préoccuper. Comme il évoquait les propos du magistrat sur leur situation matrimoniale, elle lui rétorqua qu'il n'était pas trop tard non plus pour rectifier l'erreur de divorcer qu'ils avaient faite quelques années plus tôt. Hugo, loin de s'attendre à une telle demande en mariage, regretta un instant de ne pas avoir commandé une langouste plutôt qu'un cassoulet. Ce n'était que partie remise, au soir même, si bien sûr Linda n'avait pas changé avis et si le mets était à son goût. Beaucoup de si et de, car, mais il avait envie d'être optimiste. Il désirait par-dessus tout oublier l'affreux gnome si méprisant qu'il venait de rencontrer.

Il allait se pencher sur la portion de tiramisu que la serveuse lui avait apporté quand Cazeneuve se présenta.

— Assieds-toi, Gilbert, as-tu déjeuné ?

— Oui, Patron, j'ai pris un sandwich dans la voiture.

— Il a l'air sympa ce dessert, ça te dit ?

— Pourquoi pas ?

Hugo rappela la jeune Chinoise qui faisait le service et lui demanda une autre part identique à la sienne. Comme elle ne semblait pas comprendre, il lui mima qu'il voulait la même chose.

– Encore une migrante. Je suis sûr qu'elle n'a pas de papiers. Les Chinois sont des clandestins inapparents. Je suis persuadé qu'elle s'exprimera en français dans moins de deux mois. Bon, raconte-moi ton périple en Dordogne.

– Zita est une fille mignonne, plutôt sympathique, mais un peu innocente. L'archétype de la shampouineuse. Elle a pris Abdel comme copain parce qu'elle n'a pas pensé à en changer. Mais pense-t-elle vraiment ?

– Elle t'a parlé de Béchir, quand même ?

– Très peu. Il doit la considérer comme un marin voit une escale. Un gîte, le couvert et une gâterie pour équilibrer les hormones et bye-bye. C'est un courant d'air, ce mec. Quand il est passé, il ne reste plus rien de lui. Pas même la cendre ni le mégot de la cigarette qu'il vient de griller.

– Tu ne reviens pas bredouille quand même ?

– Non, je garderai un bon souvenir de cette gamine qui aurait bien aimé me retenir à déjeuner, à dîner et davantage.

– Et tu as résisté ?

– Comme vous pouvez le constater. Elle était pourtant très accueillante. J'en connais plusieurs qui à ma place ne se seraient pas posé de questions.

– On te décernera la médaille de la chasteté policière. À part cela ?

– J'ai emprunté ce double portrait à la nana, dit-il en tendant le cliché à son patron. Ils sont tous les deux sur la moto d'Abdel.

- Tu as demandé des recherches ?
- Oui, il s'est fait flasher sur la route de l'aéroport de Mérignac à 145 km/h, mardi matin. On m'a transmis la photo. Bizarrement, il avait un passager derrière lui. Vu la corpulence, c'était un homme.
- On n'a pas découvert sa bécane au parking de l'aéroport ?
- Non. Je pense qu'il a laissé son engin à son copain. Un motard n'abandonne pas sa Yamaha comme cela, il la confie à un ami... Alexia a tracé son départ dans la navette Air France de onze heures quinze. On le retrouve dans l'avion de la Malaysia Airlines qui a décollé à dix-sept heures vingt-deux depuis Charles-de Gaulle.
- Eh bien ! voilà mon voyage tout établi.
- Pardon ?
- Figure-toi que le juge d'instruction qui a pris l'affaire en main veut m'envoyer à Kuala Lumpur pour ramener Ahmed en France, afin qu'il soit inculpé de l'assassinat du procureur.
- Mais ce n'est pas la procédure habituelle !
- Oui, mais il en va de l'exigence politico-médiatique...
- Et ce n'est peut-être pas lui le meurtrier.
- Il réclame des explications entre « quatres-yeux ». Et je peux te dire que ses mirettes ne sont pas sympathiques sous les culs-de-bouteille qui lui servent de lunettes.
- Pas commode à ce que je vois !
- Je me demande si derrière tout ça...
- Oui Patron ?

– Non, rien je me parlais à moi-même. Ce soir, je serais bien allé faire un tour avec toi à « L'Antre du Corsaire », mais j'ai invité mon ex au restaurant, alors on reporte la balade à demain.

– Mais c'est une boîte de pédés !

– Gilbert ! Je te rappelle que nous sommes au vingt-et — unième siècle et que ce terme est prohibé. On parle d'homosexuels et ces gens sont considérés comme normaux au même titre que s'ils étaient blonds, bruns ou chauves. Il n'y a que les islamistes qui les brûlent encore. Nous, nous ne le faisons plus ! Nous irons donc faire un tour dans cette boîte privée, gentiment en nous tenant par le petit doigt.

– Bien Patron. Pourrais-je alors vous appeler par votre petit nom. Je le trouve charmant, comme dit la chanson.

– Pas pendant le service !

Après un café noir, les deux policiers regagnèrent « la boutique » où Alexia Sabaté se penchait toujours sur les comptes du procureur. À leur arrivée, elle se leva, serra la main tendue de son supérieur et appliqua deux bises sonores sur les joues de Gilbert.

– As-tu enfin pu obtenir les disques ? demanda Lagardère.

– Non, il y a quelqu'un qui fait de l'obstruction. On me répond qu'on les a déjà empruntées chaque fois que je les réclame.

– Mais j'ai peut-être de quoi te dépanner, s'exclama alors Gilbert. Je reviens !

Cazeneuve s'éclipsa un instant dans son bureau et réapparut en brandissant fièrement un CD dans sa main droite. Il expliqua que lorsqu'ils avaient rencontré Ahmed dans sa loge, il avait extrait du tiroir de la commode tous les exemplaires que le concierge avait subtilisés au procureur. Il les avait replacés, avant de partir, à l'endroit même où il les avait trouvés, tous sauf celui qui était dans le lecteur. Il avait ensuite commandé l'éjection et machinalement mis le disque dans la poche de sa veste. Lagardère demanda alors à la jeune femme d'étudier minutieusement l'enregistrement et de lui faire un rapport sur ses observations.

— Et puis, ajouta-t-il, si tu veux te changer les idées et oublier les atrocités qui se télescoperont forcément dans ton esprit innocent, essaie d'obtenir et de visionner les vidéos de surveillance de l'aéroport de Bordeaux-Mérignac. Gilbert va te faire passer la photo d'Abdel Béchir. Il a embarqué dans une navette pour Paris, mardi matin. Si tu le trouves, observe bien sa main gauche, il pourrait s'y cacher la clé du mystère.

— D'accord, Patron ! Il vous faut cela pour hier, je suppose ?

— Mais non, tu sais bien que je n'ai pas l'intention de devenir esclavagiste. Encore que...

Arsenic et vieilles dentelles

Trochu, pour fêter la nomination du juge Andouard à la tête du dossier Jean de la Porte, décida d'inviter Marie-Françoise à l'auberge de la Caussade à Lormont. Elle était rentrée de son tournoi de bridge de la veille fort déçue d'avoir perdu. Il semblait aussi qu'elle n'avait toujours pas digéré les remarques déplacées de son mari à l'encontre de son confrère sauvagement assassiné. Jean était un si bel homme, si courtois et si avenant répétait-elle à qui voulait l'entendre.

Son magistrat d'époux n'en pensait rien, bien au contraire, et elle le soupçonnait même d'avoir empoisonné ses parents pour jouir plus rapidement de leur fortune. Son ami, amant et confident, ne lui avait-il pas dit un jour de grande beuverie qu'il n'utiliserait plus jamais l'arsenic comme « agent de destruction massive », car c'était trop lent et d'une manipulation trop risquée ?

Vers vingt heures, Trochu gara sa limousine noire dans le parking gravillonné qui bordait le bosquet entourant l'auberge. Le patron, que les habitués avaient surnommé « Quinze côtes », s'empressa d'ouvrir la porte de Marie-Françoise.

— Si Madame la Procureure veut bien prendre ma main ? proposa-t-il, mielleux.

— Edmond, mon cher, vous êtes toujours aussi galant. Certains pourraient prendre exemple, ajouta-t-elle en observant avec insistance son époux.

Trochu fit mine de ne pas relever le reproche et

s'engouffra, derrière sa femme, dans la salle à manger du restaurant par une petite porte cintrée qui donnait à l'endroit un austère caractère médiéval. Le plafond était entièrement constitué de voûtes en calcaire venant des carrières de Saint-Emilion. Les murs, dans le même matériau, étaient ornés d'écus, de heaumes ou encore d'armes utilisées au Moyen-Âge. Les torches d'antan avaient été électrifiées pour ne pas asphyxier les clients avec les fumées graisseuses. Seules les bougies, allumées sur les tables, dégageaient des senteurs boisées. Le couple prit place près de l'immense cheminée dans laquelle tournait un énorme gigot fixé devant des sarments incandescents, par une ficelle, à un trépied métallique.

- Que désirez-vous en apéritif ? demanda le patron à demi courbé en signe de soumission.
- Edmond, servez-moi un Xérès bien frais, avec quelques amandes grillées.
- Bien Madame. Et pour Monsieur le Procureur, ce sera ?
- Une absinthe, comme d'habitude.
- Charles ! Vous n'allez pas encore avaler cet horrible alcool !
- C'est votre ami Jean de la Porte qui m'a initié et c'est en pensant à lui que je la boirai.
- Alors, dans ce cas !

Quinze côtes apporta lui-même le vin andalou qu'il servit à Marie-Françoise dans un petit verre en cristal. Il plaça ensuite un « Open Up » devant le procureur et lui montra la bouteille avec son versoir à bulle avant de proposer le divin breuvage.

- De la soixante-douze degrés ? Edmond, vous me donnerez le nom de votre fournisseur.
- Ah non, s'offusqua alors son épouse, vous ne

rentrerez jamais cette mixture à la maison ! Pas tant que je serai vivante ! Vous m'entendez, Charles !

Loin de relever la scène de ménage, le patron fit couler le liquide incolore dans le verre. Délicatement, il plaça, en équilibre sur les bords de celui-ci, une cuillère, finement percée de trous, dans laquelle il posa un gros caillou de sucre « La Perruche ». Quinze Côtes s'absenta quelques instants et revint avec une fontaine à eau dans laquelle flottaient quelques glaçons. Il l'installa sur un petit support au-dessus de la pierre ambrée et régla le débit du robinet à une goutte par seconde, environ. Lentement, le sucre s'imbiba des premières larmes avant de produire le sirop qui viendrait troubler l'alcool et libérer un torrent d'arômes magiques.

Trochu attendit que tout le caillou soit fondu pour remuer le breuvage et en absorber une gorgée. Il garda plusieurs secondes l'absinthe dans sa bouche en la laissant rouler sur ses papilles et finit pas l'avaler. Il sirota sa deuxième prise en faisant siffler le liquide entre ses lèvres entrouvertes. Il se gargarisa de la troisième, ce qui provoqua un hurlement de dégoût chez sa femme.

Celle-ci avait depuis longtemps achevé son verre de Xérès quand le patron, ayant compris que son hôte avait terminé sa boisson, se présenta pour annoncer le menu :

— Ce soir, il y a des anguilles de la Dordogne en entrée et, comme vous voyez, du gigot à la ficelle avec des flageolets et des cèpes.

— C'est parfait pour moi, Edmond. Les poissons, ils sont préparés...

— Rissolés dans un beurre d'escargot, comme vous les aimez. Et pour Monsieur le Procureur ?

— De même.

– Un verre d'Entre-Deux Mers 2008 pour chacun et une bouteille de Côtes-de-Bourg 2003 ?

– Très bien, Edmond, et une Badoit. Vous n'ignorez pas que j'ai l'estomac fragile. Jamais je ne pourrais supporter l'absinthe.

Pendant le repas, Trochu expliqua à sa femme comment il avait confié l'enquête sur l'assassinat de Jean au juge Andouard. Un homme d'une grande efficacité qui saurait le tenir régulièrement au courant des résultats obtenus. Mais qu'aurait-il donc de mieux à faire que de condamner ce sale arabe en fuite pour avoir égorgé celui qu'il devait considérer comme un mécréant ? Un véritable terroriste que cet Abdel ! Quant à son frère, pourquoi patienter pour le juger ? Il y a complicité d'assassinat.

Marie-Françoise acquiesçait aux propos de son mari et regrettait même que ce gauchiste de Mitterrand ait fait abolir la peine de mort. Les deux Algériens n'en méritaient pas moins. Quant à ce commissaire qu'attendait-on pour l'envoyer à la retraite ? Ce n'étaient plus des rapports d'enquête qu'il voulait rédiger, mais des romans policiers. Les preuves ne devaient plus être étayées par des faits, mais être l'aboutissement de longues réflexions. Comme si maintenant on craignait de mettre les coupables en prison. L'Etat payait des gens à se casser la tête plutôt qu'à briser l'avenir des criminels. On se demandait d'où provenaient les déficits publics ?

L'absinthe et le vin aidant, la discussion prit un tour politique. Madame la Procureure aurait bien renvoyé tous les Arabes en Arabie, les noirs en Afrique, les jaunes en Chine et les juifs en Palestine. Ainsi les mœurs en France redeviendraient ce qu'elles auraient toujours dû être : conformes aux préceptes de l'église traditionnelle pour ne pas dire traditionaliste.

Charles laissa sa femme se conforter dans son délire réactionnaire et lui promit de la tenir au courant sur le développement de cette triste affaire. Ils terminèrent leur dîner avec un pastis landais que Quinze Côtes parfumait avec un rhum vieux qu'il importait spécialement de Marie-Galante. C'est donc sur une note antillaise que le couple regagna leur imposante demeure.

Le lendemain, Trochu se réveilla avec des effluves d'absinthe dans le cerveau et cela le faisait terriblement souffrir. Ce n'est que vers dix heures que les analgésiques finirent par atténuer les céphalées. Il appela le juge Andouard. Celui-ci lui fit part de la décision qu'il avait prise d'envoyer Lagardère en Malaisie pour courir derrière Béchir. Pour concrétiser cet éloignement, il avait besoin d'un petit coup de main, à savoir l'intervention du Préfet en personne, compte tenu de la dépense que cela allait entraîner. Celle-ci serait d'autant plus importante que le commissaire n'acceptait cette mission que s'il était flanqué de son ex-femme. En quelque sorte une œuvre policière accompagnée d'une autre plus caritative : la contribution à une réconciliation.

Trochu se voyait donc contraint de négocier des vacances en famille pour ce Lagardère qu'il haïssait. Le Préfet se fit tirer l'oreille et en référa au Ministère des Affaires étrangères. Le Garde des Sceaux en personne exigea seulement que Lagardère prenne en charge le billet de Madame à hauteur de la prime qu'il allait toucher pour le déplacement hors de nos frontières.

Tout ce marchandage avait réveillé sa migraine et il décida, histoire de se détendre un peu, d'appeler Lagardère. La barrière du standard ne résista pas très longtemps à ses arguments autoritaires et la secrétaire lui passa enfin le commissaire :

— Alors Lagardère, où en êtes vous dans votre

enquête, elle se termine ?
- Demandez à votre juge, il est plus au courant que moi.
- Ne soyez pas insolent ! C'est en toute amitié que je vous pose la question. Jean était un collègue que j'estimais beaucoup.
- Nous reparlerons de votre affection réciproque un peu plus tard. Ahmed nous a dit dans sa déposition que vous rendiez visite à Monsieur de la Porte une fois par semaine. C'est en contradiction avec votre affirmation comme quoi vous vous étiez rendu chez lui une ou deux fois seulement.
- Vous n'allez tout de même pas mettre sur le même plan la parole d'un magistrat avec celle d'un concierge, arabe de surcroît.
- Évidemment, vous maintenez vos allégations ?
- C'est vous, qui les avez enregistrées. J'ai cru comprendre que vous partiez en voyage ?
- Et je compte bien ramener le fuyard pour le présenter à votre juge.
- Mais ce n'est pas le mien, c'est celui de la République.
- Eh bien la nation n'est pas avenante, c'est le moins qu'on puisse dire !
- C'est de la médisance brutale !
- À propos de médisance, Ahmed rapportait que feu Monsieur de la Porte aurait eu des activités pédophiles, qu'en pensez-vous ?
- C'est une ignominie que de tenir de tels propos. Personne ne peut croire cela de la part d'un Procureur de la République.
- Vous savez, on a vu des évêques et même des archevêques qui ne détestaient pas, comment dire,

« câliner des enfants », pour demeurer soft.

- Mais pas un procureur ! C'est insensé ! Lagardère, vous divaguez ! Regardez ce que vous versez dans votre verre !
- Il n'y a pas d'absinthe dans le mien !

Trochu resta un moment interdit. Pourquoi le commissaire évoquait-il l'absinthe ? Il surmonta son émotion :

- Mais de quoi parlez-vous ? Je ne comprends pas !
- Au contraire. Vous me traitez d'ivrogne et je ne fais que vous renvoyer la balle. C'est légitime, non ?
- Vous m'espionnez ? Si c'est le cas, je vous préviens, Lagardère cela ne va pas se passer comme cela. Vous me connaissez mal !
- Il n'est aucunement question d'une quelconque surveillance ! Ma femme et moi, pardon, mon ex-femme et moi avons décidé de nous remarier et pour fêter ces nouvelles fiançailles, nous sommes allés dîner à la Caussade hier soir. À la différence de certains, nous savons rester discrets. Nous n'étalons pas nos opinions politiques racistes, même si nous abusons du Côtes-de — Bourg.
- Lagardère vous m'insultez !
- Pas du tout. Quinze Côtes est témoin de vos propos indignes au même titre que tous les clients de l'auberge.
- Lagardère, vous êtes ignoble !
- C'est aussi la raison pour laquelle vous ne serez pas invité à notre nouvelle union. Au plaisir, Monsieur le Procureur Général.

Kuala Lumpur

Un agent de la préfecture se présenta au commissariat de la rue François de Sourdis le lundi matin. Il venait remettre au commissaire Lagardère son ordre de mission accompagné d'un billet open en classe économique sur un vol Air France à destination de Paris et un autre, de même nature, pour Kuala Lumpur. La secrétaire qui lui avait fait parvenir le pli avait notifié sur un document annexe qu'il recevrait sous peu une prime équivalente à la valeur des déplacements. Il en sourit. Le juge Andouard avait dû ressentir lourdement l'affront constitué par ces largesses. Peu après, un appel de ce dernier lui souhaitait bon voyage et lui recommandait de réaliser, autant que possible, une arrestation discrète de l'individu.

D'un côté, il comprenait le magistrat d'éloigner l'empêcheur de tourner en rond qu'il était à ses yeux, et de l'autre, il s'imaginait filer le parfait amour avec Linda en Malaisie. Celle-ci lui avait promis qu'elle admettrait que, une fois sur place, il s'acquitte de sa tâche et elle essaierait même de la faciliter dans la mesure de ses faibles moyens. Cette mise au point avait le mérite de couper court à toutes les scènes de ménage concernant ses absences.

Avant de faire ses bagages, il décida d'organiser la suite de l'enquête. Il convoqua Cazeneuve.

- As-tu imprimé les clichés que nous avons réalisés samedi soir dans « L'Antre du Corsaire » ?
- Oui, elles ne sont pas de très bonne qualité, mais on reconnaît certains des habitués. Je vais les

chercher dans mon bureau.

Gilbert s'absenta quelques instants et revint avec une liasse de portraits.

- Elles ne sont pas très bien centrées, mais ce n'est pas très commode de tirer une photo en faisant semblant de téléphoner. À un moment donné, je me suis demandé si le patron n'avait pas remarqué mon petit manège.
- C'est pour cela que je t'ai pris par le cou et que je t'ai caressé la joue. Çà n'a pas eu l'air de t'exciter, mais ça l'a apparemment rassuré.
- De telles attitudes ne sont pas réglementaires pendant le service, Patron !
- Oui, mais le résultat me parait intéressant. N'est-ce pas le député de Carbonas que je vois là ? Et là le conseiller général de Pissos ?
- Exact, tous deux mariés et pères de plusieurs enfants. Je parle de progéniture officielle. Mais leur double vie est de notoriété publique et les électeurs que nous sommes, oublions leurs frasques lorsque nous nous rendons aux urnes.
- En as-tu identifié beaucoup ?
- Pas tous bien sûr. Il y a, entre autres, les représentants locaux de plusieurs multinationales du CAC 40. Regardez celui-là ! c'est très intéressant. C'est le propriétaire de la boîte.
- Le grand rouquin, là ?
- Oui, Patron ! Un nommé James Virassamy.
- Je l'avais remarqué aussi. Il causait avec tout le monde et surveillait tous les couples qui se faisaient et se défaisaient au gré des danses. À ce propos, je vous conseille, pendant mon absence, de pratiquer un peu. Il y a dans notre belle ville

146

d'excellentes écoles. Sinon, je ne sortirai plus avec vous que muni de chaussures de sécurité.

- J'en parlerai à mon épouse. J'aurai certainement beaucoup de mal à lui expliquer cet engouement soudain pour la chorégraphie.
- Pendant mon escapade, j'aimerais que tu me fasses une enquête sur tous les gens que nous avons croisés et en particulier le probable « directeur ».
- J'ai commencé le boulot, Patron, mais c'est assez fastidieux.
- Tu vas avoir le temps. Je ne serai pas là pour te débaucher. Tu feras ton coming-out à mon retour.

Gilbert récupéra les photos et regagna son bureau pendant que Lagardère appelait son ami Lalanne, journaliste à Sud-Ouest. Il le remercia pour les renseignements qu'il lui avait transmis par e-mail sur les différends dossiers que le Procureur Jean de la Porte avait dû traiter. Il voulait simplement l'avis du professionnel qu'il était sûr les sentences qui avaient suivi les nombreux procès dont il s'était occupé.

- Depuis que tu m'as appelé l'autre jour, je me suis un peu remémoré les affaires. Certaines ont été jugées avec une sévérité exemplaire et d'autres, au contraire, avec beaucoup de mansuétude.
- À quoi cela tient-il, selon toi ?
- Je n'en sais trop rien. Les avocats sont toujours à peu près les mêmes et ce sont des spécialistes.
- Dernièrement, à quel procès retentissant Jean de la Porte aurait-il participé ?
- Une affaire de fourgon attaqué au bazooka à Bazas. Il y avait eu deux morts, les deux convoyeurs de fonds. Les malfrats ont été arrêtés. Il s'agissait des deux frères Belloc, Serge et

Maurice. Ils ont tous les deux pris perpète, avec vingt ans incompressible. Dur, très dur, car ils n'étaient probablement que des exécutants.

– Oui, je m'en souviens !

– Cette agression avait fait beaucoup de bruit !

– Et avant cela ?

– L'affaire Joël Cassaigne, le neveu d'un caïd de la cocaïne, un tueur récidiviste, violent et à moitié cinglé. Lorsqu'il avait bu, il pouvait être terrible. Il a été jugé pour meurtre à l'arme blanche pendant une rixe sur les quais de Bacalan. Il a pris trois ans avec obligation de se soigner.

– Et dans les deux cas, l'accusation était menée par Jean de la Porte ?

– C'est cela !

– Mais il n'y a pas qu'avec ce procureur-là qu'on observe de telles disparités. Même Trochu obtient des résultats aussi variés. Un prévenu qui tombait sur eux jouait son sort à la loterie.

– Ok, on en reparlera à mon retour.

– Parce que tu nous quittes ?

– Je pars en voyage de noces en Malaisie avec Linda. Figure-toi que nous filons à nouveau le parfait amour. J'espère que là-bas nous trouverons la zénitude.

– Je connais un peu. Ce ne sont pas les bouddhas qui manquent à Kuala Lumpur ! Bonnes vacances ! Quand vous envolez-vous ?

– Mercredi ou jeudi, cela dépendra du temps que Linda prendra pour boucler ses valises... tu sais les femmes ont toujours peur d'oublier l'essentiel, alors elles emportent aussi le superflu. De ton côté, rien de neuf ?

– Si ! mais c'est moi qui n'ai pas pensé à te prévenir : l'avocat de Ahmed Béchir a demandé sa libération au juge Andouard et l'a obtenue. Il est sorti ce matin et a regagné sa loge.

– Quel con cet Andouard ! Faux cul, imbu de sa personne et stupide ! Tu n'es pas obligé de répéter !

– C'est donnant-donnant !

Ce soir-là, à l'issue d'une discussion mémorable, les deux ex-époux finirent par se mettre d'accord pour un départ mercredi quinze avril. En fait, ils étaient tous les deux du même avis, mais aucun des deux ne voulait donner l'impression à l'autre de lui forcer la main. Leur dispute de collégiens achevée, ils décidèrent que Linda s'occuperait des différentes réservations, pendant qu'il confierait les ultimes consignes à son personnel avant de partir. Pour effectuer les transactions, Hugo lui laissa une de ses cartes bancaires. N'était-ce pas là le dernier acte nécessaire à une régularisation matrimoniale en bonne et due forme ?

Elle s'attela donc à la tâche et confirma les billets de Hugo en même temps qu'elle achetait les siens. Il eut été quand même assez cocasse qu'ils ne soient pas tous les deux dans le même avion, mais cela aurait probablement bien fait rire l'administration.

En arrivant à la « boutique » le mardi matin, Hugo entra directement dans le bureau d'Alexia Sabaté. La jeune femme visionnait, sur son ordinateur le disque pédopornographique rescapé que lui avait fourni Gilbert.

– Alors, tu prends ton pied ? lui demanda-t-il après l'avoir saluée.

– Ce mec est un pervers sans limites. Il laisse les gosses faire leur show, ils sont conditionnés pour cela, et lui, il attend sur le bord du lit, comme un chat qui s'amuse de la souris qu'il dévorera un peu plus tard. De temps en temps, il donne un coup de patte en se tournant vers la caméra pour s'assurer que son geste est bien filmé. Regardez, je retourne un peu en arrière.

– Les pauvres mômes sont maquillés et vêtus sexy, comme des adultes. C'est ignoble !

– Après ils vont mimer des scènes sexuelles, avant qu'il intervienne. Là... vous pouvez constater ! Il les encourage et ses caresses deviennent plus précises.

– Non, je ne peux pas voir cela. C'est trop dégueulasse. Celui qui a tué ce dépravé devrait être décoré plutôt que poursuivi !

– Là, regardez, on reconnaît bien le procureur qui lentement avance vers les enfants. Ils n'ont apparemment pas peur. Ils doivent être habitués. Leurs « parents » en font des pros. C'est le métier qu'ils leur ont enseigné.

– Des « parents » proxénètes ! Moi, c'est le cameraman qui m'intéresse, car tout compte fait, le procureur ne renaîtra pas de ses cendres alors que le réalisateur amateur court toujours.

– J'ai fait un parcours rapide du fichier, mais à aucun moment on ne l'aperçoit. C'est dommage, on aurait alors du grain à moudre.

– Si tu veux bien faire une copie de la vidéo et la mettre sur mon bureau, je la prendrai tout à l'heure.

– Pas de problème, Patron. Je vous souhaite bon voyage.

– De toute façon, si tu découvres la moindre chose,

tu me l'envoies par e-mail. Je ne suis pas en
vacances, mais en mission spéciale.

– Faites attention à vous, tout de même. La
réputation des Chinois n'est pas toujours très
sympathique...

– Pas des Chinois, Alexia, des Malaisiens.

– Pour moi, c'est bonnet jaune, jaune bonnet !

Lagardère sortit du bureau de la jeune femme, fit
quelques mètres et pénétra dans le sien. Avant de quitter
les lieux, il désirait mettre un peu d'ordre dans tous les
papiers qui traînaient sur sa table de travail. Il avait
presque achevé sa tâche quand Cazeneuve frappa à la
porte et entra sans attendre de réponse.

– C'est un abandon dans les règles que vous nous
faites là. Vous partiriez à la retraite que vous ne
laisseriez pas la place plus nette, Patron !

– Des fois qu'un procureur général ou un juge
vienne jeter un coup d'œil et envoie, pendant mon
absence, l'IGS pour faire constater mon côté
brouillon, il n'y a pas loin !

– Mais personne ici ne les autoriserait à pénétrer
dans votre bureau !

– Tu crois qu'ils demanderaient la permission ?

– Je ne sais pas.

– Avant de partir, j'aimerais que l'on rende une
petite visite à notre ami Ahmed... Juste pour voir la
tête qu'il fait quand il n'est plus inquiété.

Gilbert monta à côté de Lagardère et ce dernier démarra
en direction de la Flèche Saint-Michel. Hugo se gara sur
les quais pour ne pas attirer trop vite l'attention du
concierge et ils terminèrent le trajet à pied. Ils sonnèrent
sans succès à la porte et en conclurent qu'Ahmed était
sorti. C'est alors qu'ils le virent arriver à l'extrémité de la

rue de la Fusterie. Béchir hésita un instant à s'approcher et finit par décider de poursuivre sa progression. Dans le fond, n'avait-il pas été libéré de prison dans le strict respect de la loi ?

- Alors, Monsieur Béchir, que ressent-on quand on est à nouveau libre ? demanda le commissaire.
- Laissez-moi tranquille, vous n'avez pas le droit !
- Tu vois, Cazeneuve, on vient gentiment s'enquérir de la santé de ce brave homme et tout de suite il crie à l'agression.
- Oui, ce n'est pas très sympathique tout ça ! Mais que portes-tu dans ce cabas ? Oh, mais on dirait un appareil électronique ?

Gilbert s'empara du sac et le tendit à Lagardère.

- Tu es vraiment incorrigible, tu as pris goût au lecteur vidéo ! Et celui-ci fait aussi l'enregistrement et la programmation ! Tu vas devenir un pro de la vidéo !
- Demain, c'est mon anniversaire, je peux bien me faire un petit plaisir, non ?
- Le grand avantage sera surtout que tu pourras te coucher beaucoup plus tôt que d'ordinaire, ironisa Cazeneuve. Autre bénéfice encore, l'orgie pourra durer jour et nuit. Fait gaffe, il parait que ça rend sourd de trop tirer sur l'élastique !
- C'est ma vie privée. Elle ne vous regarde pas !
- À ce propos, on était venu te demander des échos du petit doigt de ton frère, ajouta Lagardère.
- Son petit doigt foutez-vous-le...
- Mais tu deviens grossier ! Insultes à un commissaire de police en fonction, et devant témoin ! Toi tu veux retourner au centre pénitentiaire de Gradignan. Alors ton frère, tu me

152

dis où il crèche ?

— Il est parti et je n'ai pas eu de ses nouvelles depuis que Monsieur est mort.

— Tu en es bien sûr ? insista Cazeneuve.

— Comme je vous le dis, je ne sais pas où il est allé !

— Tu le jurerais sur le Coran ?

— Oui ! Même sur le Coran.

— Tiens, je te rends ta machine à branlette et fais gaffe on t'a à l'œil. Tu ne quittes pas la ville, c'est bien compris !

Ahmed excédé saisit son appareil et pénétra dans le bâtiment qui abritait sa loge, non sans faire claquer la lourde porte d'entrée en la refermant violemment aux nez des policiers.

Les deux hommes revinrent au commissariat. Hugo prit le disque qu'Alexia avait déposé sur son bureau et Gilbert proposa de venir récupérer sa voiture de service, le lendemain à l'aéroport.

Linda avait décliné l'invitation d'occuper le coin hublot que Hugo lui avait aimablement proposé. Cela n'était pas pour lui déplaire, car il souhaitait profiter du vol vers Paris pour commencer à éplucher la vidéo du procureur. Il espérait tant y trouver la faille qui lui permettrait de progresser dans son enquête. Il ôta son ordinateur de la tablette quand l'hôtesse vint leur proposer un petit déjeuner.

— Je ne sais pas ce que tu regardes là, lui dit Linda, mais c'est particulièrement choquant.

— Je suis tout à fait de ton avis. C'est à vomir.

— Pourquoi visionnes-tu ces saletés, juste avant de prendre ton repas ?

— Parce que cette ordure de Jean de la Porte a pu être filmée par son assassin lors de cette partie de jambettes en l'air !

– Alors, ce ne sont pas ces scènes horribles que tu regardes ?

– Non, ce sont les décors. J'essaie aussi de reconnaître la voix de son partenaire qui tient la caméra, mais avec le bruit des réacteurs, ce n'est pas facile.

Linda venait juste de s'assoupir quand le commandant de bord annonça la descente sur l'aéroport Charles-de-Gaulle. Hugo rangea tranquillement son matériel et commença à observer la mer de nuage sur laquelle planait l'avion avant qu'il ne plonge dans le manteau cotonneux. Les grandes étendues de la Beauce plantées d'innombrables éoliennes apparurent bientôt pour laisser ensuite place aux premières zones industrielles.

Après l'inévitable cohue pour s'extraire de l'habitacle, ils longèrent d'interminables couloirs pour se retrouver dans la salle d'embarquement prévue pour le vol vers Kuala Lumpur à neuf heures trente.

– Tu désires prendre un café ou un thé ? demanda Hugo.

– Non, lors de l'escale d'Amsterdam, peut-être.

– Pardon ?

– Tu n'as pas regardé ton billet ! Nous avons une heure d'attente en Hollande.

– Pas suffisant pour aller à bicyclette flâner le long des canaux.

– Je préfère que tu m'offres un voyage à Venise, c'est beaucoup plus romantique.

Les deux amoureux eurent à peine le temps de changer d'avion que déjà, le Boïng 777 de la KLM quittait le Schiphol Amsterdam Airport en direction de l'Asie du Sud-Est. Linda expliqua qu'elle n'avait pas eu d'autre alternative si ce n'était un détour important par Singapour où il était prévu une nuit d'escale. L'appareil atterrit en Malaisie un peu après six heures du matin, heure locale. Tous deux avaient fort mal dormi. Hugo avait épluché la vidéo sans jamais relever le moindre indice avant de sombrer dans un demi-sommeil peu réparateur. Comment s'assoupir quand l'organisme est encore en période de veille. Il regarda sa montre en passant le contrôle policier, elle indiquait presque minuit.

Ils patientaient devant les tapis à bagages quand Linda entendit son compagnon jurer :

- Que t'arrive-t-il ? Ton portable est en panne ? Je te signale que tu viens de te faire remarquer par la moitié de l'Asie !
- Ahmed, mais ce n'est pas vrai, ils ont tué Ahmed !
- Le concierge ?
- Oui, Gilbert m'a envoyé un SMS pour m'annoncer la nouvelle.
- Eh bien ! on est là pour voir son frère. On aura au moins quelque chose à lui raconter. Si je me souviens bien de ce que tu m'as dit, ce n'était pas un enfant de chœur, celui-là !
- Il faut le comprendre, l'enfant de chœur, comme tu le nommes. Musulman, il n'avait jamais eu suffisamment d'argent pour s'acheter une femme comme le faisaient ses ancêtres. Pour satisfaire sa libido, il en louait une du trottoir d'en face ou bien il se contentait d'une virtuelle.
- Une virtuelle ?
- Une cathodique quoi, tu fais exprès de ne pas piger ! Il se branlait dans sa loge en regardant des films pornos, c'est clair maintenant ?
- Oui Chéri ! Tu prends la mouche aussi vite

qu'autrefois, malgré la fatigue du voyage. Quelle énergie !

— Tu vas finir par me rendre de mauvaise humeur.

En sortant, avec leur chariot lourdement chargé, Linda remarqua, dans la salle d'arrivée, un homme de type européen brandissant un petit panneau sur lequel était écrit au feutre bleu : « Lagardère ». Vincent Lacroix se présenta comme étant un des employés de l'Ambassade de France. Il avait pour mission de les diriger vers l'hôtel qui devait les accueillir : le Furama Bintang Hôtel.

Ils s'apprêtaient à quitter l'immense aéroport et Hugo cherchait déjà des yeux le véhicule de leur accompagnateur, quand celui-ci s'engagea sur un tapis roulant incliné qui les mena dans une station ferroviaire située au niveau immédiatement inférieur.

— Nous prendrons le Klia Express. C'est un train qui va nous transporter en centre-ville. Il n'y a pas moyen plus rapide. Il ne lui faut que vingt-huit minutes. En voiture, on devrait compter le double de temps quand il n'y a qu'un faible trafic.

— Kuala Lumpur est donc très éloignée de son aérogare ? demanda Linda.

— Oui, c'est le problème de ces villes asiatiques qui ont poussé comme des champignons. L'exode rural s'est accentué avec le déclin des plantations d'hévéas et de la culture du riz. Les Malaisiens sont de plus en plus des citadins. Ils ont dû construire l'aéroport au-delà des habitations, c'est-à-dire à une distance conséquente du centre-ville.

156

Chasse à l'homme

L'hôtel Furama Bintang était un établissement classé quatre étoiles, mais Linda ne les jugea pas très brillantes. Un grand bâtiment tout en hauteur avec une kyrielle de chambres. Celle qu'ils avaient réservée était assez spacieuse et lumineuse quoiqu'un peu bruyante. Mais elle qui rêvait d'un bain parfumé à la fleur de lotus fut contrariée de constater que la salle d'eau n'était équipée que d'une douche, à l'italienne certes, mais douche quand même.

Il était encore tôt et Hugo proposa d'aller prendre un petit déjeuner asiatique au premier étage. La salle, un peu impersonnelle, comportait plusieurs îlots de présentoirs en son centre et, légèrement décalée, une cuisine avec plusieurs fourneaux derrière lesquels les employés s'activaient. La variété des aliments mis à disposition était impressionnante, mais les spécialités malaises étaient fort peu représentées. Hugo pensa que la majorité de la clientèle devait être étrangère et se satisfaisait de mets internationaux.

Pour cette première « mise en bouche », ils choisirent une table le long d'une des immenses baies vitrées qui donnaient sur une large avenue. De leur place, ils pouvaient apercevoir l'entrée de la salle et ainsi surveiller les allées et venues des usagers.

Linda s'était éloignée pour patienter derrière plusieurs personnes pour obtenir un chocolat chaud quand Hugo vit un individu, habillé d'une combinaison en cuir, franchir le seuil du restaurant. Il tenait un casque de moto dans sa main gantée. Tout de suite, il reconnut Abdel. Ce dernier se dirigea directement vers un présentoir de viennoiseries. Il prit deux croissants et un pain aux raisins avant de ressortir.

– Pendant que tu t'es absentée, dit-il à sa compagne quand elle fut de retour, j'ai aperçu notre homme.

– Dommage, j'aurais bien voulu voir la tête de ce vendeur de gosses, juste pour imaginer comment lui arracher les yeux et le reste. Je reste polie, tu as remarqué.

– Ne te presse pas ! On n'est pas en France et les pays du Sud-Est asiatique ne sont pas tendres avec les agresseurs et encore moins avec les femmes.

– Où s'est-il installé ?

– Il est reparti avec quelques victuailles. L'information importante est qu'il circule à moto. Tiens ! Regarde vite, il passe là, juste en dessous de nous. Il sort de l'hôtel.

– L'oiseau de malheur s'est envolé !

– Pas pour longtemps, il va revenir. Ici, il se croit en sécurité. Il a dû payer son engin avec la carte bancaire du procureur. Il faudra que je me renseigne à la « boutique » pour cela.

– Pourquoi, tu veux le tracer ? Ce n'est pas la peine, on l'a déniché.

– Non, juste pour savoir si le juge Andouard a fait bloquer les comptes de feu le procureur. Quant à Abdel, je vais le suivre.

– Ah non ! Pas question que tu prennes aussi une moto. D'ailleurs, tu ne pourrais pas rivaliser. Son engin a l'air assez puissant.

- Oui, c'est une Suzuki 750. Une grosse machine.
- Tu vois ça comme ça ? Tu reconnais ces appareils-là, maintenant ?
- Il m'arrivait de regarder les courses de moto à la télé quand tu n'étais pas là. Mais ne t'inquiète pas, je n'ai pas l'intention de me mesurer à lui. Continue de manger, je serai de retour dans un instant, j'ai juste un coup de fil à donner.

Lagardère sortit de la salle, descendit d'un étage pour gagner la réception. Il pria la jeune femme de l'accueil de lui passer un certain Monsieur Dessange de l'Ambassade de France auquel il demanda un mouchard GPS aimanté et son application utilisable avec le smartphone. Il revint ensuite dans le restaurant.

- Tu devrais goûter le bacon, il est parfait. Un vrai régal.
- Bonne idée, sauf pour mes triglycérides.
- Ah ! Parce que tu as ça aussi ? Je ne sais pas si je vais demeurer à Kuala Lumpur avec toi. C'est contagieux ?
- L'addiction au bacon, oui !
- Tu veux le reste du mien ? J'en ai assez mangé.
- As-tu remarqué, en arrivant, où se trouvait le garage de l'hôtel ? dit-il en piochant sans manières dans l'assiette de sa compagne.
- Il y a une voie qui longe le bâtiment, je pense que c'est par là. Mais on doit pouvoir y parvenir de l'intérieur. On regardera tout à l'heure, dans l'ascenseur, s'il n'y a pas un accès au sous-sol.

Deux heures plus tard, un agent français frappait à la porte de leur chambre pour leur remettre l'appareil qu'il avait demandé. Lagardère pourrait charger l'application d'utilisation du mouchard sur le site de l'ambassade en tapant le code marqué sur l'emballage de l'objet. Le livreur était originaire de la région bordelaise et son accent le trahit. Très vite, ils sympathisèrent et François proposa de leur faire découvrir, dans l'après-midi, la ville de Kuala Lumpur.

Ils se retrouvèrent au restaurant de l'hôtel, un peu après quatorze heures. Un taxi les amena tout d'abord à la Menara Kuala Lumpur, la tour de télécommunications qui domine la ville de ses quatre cents mètres d'altitude. Et comme ils étaient partis pour s'élever de plus en plus haut, ils montèrent au quatre-vingt-huitième étage d'une des tours Pétronas, cinquante mètres au-dessus du monument précédent. En son milieu, ils empruntèrent le Skybridge qui leur permit de descendre par la tour jumelle.

Le jeune homme les accompagna dans le quartier de Chinatown. C'est à cet endroit que les magasins n'ont pour seul toit qu'une bâche en plastique trouée, les pavés de la rue comme sol et des planches sur des tréteaux pour présenter ce qui se crée de plus précieux sur la planète. Très vite, Linda repéra un étal de parfums français conditionnés dans des flacons plus vrais que les vrais. Elle fleura un instant celui dont elle avait toujours rêvé et fut un peu désenchantée. Le vendeur tenta de compenser sa déception apparente en lui proposant un prix ridiculement bas, mais sans succès. Elle se rapprocha ensuite des sacs Vuitton, exposés à la boutique voisine, pendant que Hugo dévalisait un marchand de montres de grandes marques qui les soldait toutes à dix dollars la pièce. Sa carte barrée de tricolore ne serait sans doute pas superflue lorsqu'il passerait la douane au retour, à l'aéroport de Charles-de-Gaulle, pensa-t-il soudain en prenant possession de ses emplettes.

François termina sa mission de guide bénévole en leur faisant visiter la Mosquée Masjid Negara. C'est couverts d'une affreuse tenue mauve, qu'ils purent pénétrer dans l'enceinte célèbre pouvant contenir plus de quinze mille fidèles. Il leur expliqua, en les ramenant à leur hôtel, que le pays était majoritairement musulman et que l'islam y était particulièrement tolérant. Avant de le quitter, Hugo promit de lui offrir un dîner dans le restaurant malais de son choix et le jeune homme laissa sa carte à Linda afin qu'ils finalisent la proposition.

Celle-ci rentra seule dans leur chambre, son compagnon ayant décidé de faire un détour par les sous-sols.

— As-tu repéré la magnifique moto de ton copain Abdel ? demanda-t-elle lorsqu'il fut de retour ?

— Oui, elle est dans l'hôtel. Je ne peux pas me tromper, c'est l'unique bécane de tout le parking. Ces engins sont de plus en plus compacts. J'ai eu beaucoup de mal pour insinuer la balise sous la selle. Je l'ai fixée sur le châssis.

— Elle ne va pas tomber au moins ?

— Non, les concepteurs ont tout prévu. Non seulement le support est aimanté, mais il est autocollant, juste en faisant sauter un cache en papier. On n'a plus qu'à vérifier sur mon portable si la moto est bien toujours là.

Il manipula quelques secondes son GSM et un petit spot se mit à clignoter en surbrillance sur une carte de la ville. La machine d'Abdel était bien dans l'hôtel Furama Bintang.

Ils dînèrent sur place et se couchèrent assez tôt. Le décalage horaire se faisait alors rudement ressentir et leur horloge interne commençait à se manifester sérieusement. Il y avait maintenant vingt-six heures qu'ils avaient quitté le lit douillet de Linda.

Hugo se réveilla vers sept heures. Il s'habilla en silence et descendit au sous-sol. Abdel était déjà sorti. Il alluma son portable et rechercha aussitôt la position GPS de la balise. Le spot clignotait non loin du quartier chinois, à Bukit Kewagan.

Linda dormait toujours et il en profita pour s'emparer de la salle de bain. Quand elle aura fait surface, plus rien ne sera prévisible et surtout pas le moment où elle quittera la glace des yeux. Il en sortit une demi-heure plus tard et jeta immédiatement un coup d'œil sur l'écran de son téléphone. Le spot était au même endroit

— Tu en as mis du temps pour te préparer ! râla-t-elle en se frottant les paupières.

— Dors encore un moment, je fais un petit tour en ville. J'en ai pour un peu plus d'une heure.

— On est à peine arrivés que déjà tu me quittes. Il me semblait que lors d'un voyage de noces normal, mon époux aurait fait un peu plus cas de sa dulcinée.

— D'accord, prépare-toi. Je vais faire vite et satisfaire tous tes caprices dès mon retour. Je laisse mon smartphone branché, j'ai oublié de le mettre à charger hier soir.

— Cela ne m'étonne pas. Les hommes, vous êtes tous des « têtes en l'air ».

— Il me semblait que lors d'un voyage de noces normal, l'épouse éviterait de râler !

Hugo sortit de l'hôtel et monta dans un taxi qui stationnait devant l'entrée. Il tendit au chauffeur un papier sur lequel il avait noté l'adresse. La circulation était dense et il s'écoula plus d'un quart d'heure avant que le véhicule ne s'immobilise dans Bukit Kewagan à quelques dizaines de mètres de la Suzuki. Lagardère s'approcha avec précaution de l'engin. La balise était encore là où il l'avait insérée. Bizarrement, Abdel ne l'avait pas sécurisée avec une chaîne ou un antivol, comme souvent le font les motards. Le quartier avait l'air plutôt tranquille. Une zone résidentielle formée de blocs de logements de quelques étages avec une alternance de portes-cochères et de rideaux en acier pour occulter, pensa-t-il, des box ou des garages. Il s'abrita derrière un petit camion stationné à l'angle de la rue, pour pouvoir observer les alentours en toute quiétude. Quelques jeunes malaisiens jouaient au ballon à l'extrémité d'un des bâtiments. Un individu, de type chinois, était assis à côté d'une des portes et fumait une cigarette. De temps à autre, il réajustait son chapeau de paille pour se garantir du soleil. Soudain, il vit Abdel sortir et s'approcher de l'Asiatique. Il lui parla quelques instants puis disparut de nouveau à l'intérieur. L'homme se leva alors et partit dans la direction opposée à la sienne. Pendant quelques minutes plus rien n'attira son attention jusqu'à ce qu'il ressente une immense douleur dans la tête et s'écroule sous la benne du camion qui était censée le protéger.

Il se réveilla enchaîné dans ce qu'il pensa être un des box. Non seulement ses membres étaient entravés, mais les liens eux-mêmes étaient fixés à un anneau scellé dans le mur. Un rai de lumière filtrait sous la porte et une faible ampoule contribuait à éclairer les lieux. Il souffrait terriblement et avait l'impression que son crâne allait exploser. Dans un coin de la pièce, à proximité d'un établi sur lequel traînaient quelques outils, il vit Abdel qui souriait. Il était assis sur une vieille brouette rouillée et avait l'air de se régaler du bon coup qu'il venait de réaliser.

Quand Béchir s'aperçut que Lagardère émergeait de l'étourdissement dans lequel le Chinois l'avait plongé avec sa matraque, il se leva et s'approcha de lui, un seau d'eau à la main. Lentement, il versa sur la tête du policier la totalité de son contenu.

> — Cela fait du bien, un peu de frais sur l'énorme bosse qui désormais orne ton cuir chevelu, non ? Si tu étais venu à moto comme moi, ton casque t'aurait protégé des chocs accidentels... ou pas.

Lagardère ne répondit pas, soit qu'il ne fut pas encore suffisamment remis, soit que le flot l'empêchât de s'exprimer.

> — Tel est pris qui croyait prendre, ajouta-t-il en lui balançant le seau vide à la figure. Sale ordure, tu veux me faire porter le chapeau de la mort du procureur ? C'est insensé !

Le visage d'Abdel se déformait par la haine à mesure qu'il parlait. Il envoya un coup de pied dans l'abdomen du policier.

> — Ici, tu n'es rien qu'un simple roumi, un mécréant, exécré par la population tout entière. Si les gens te voyaient ainsi soumis, ils te lapideraient comme une femme qui aurait trompé son mari. La loi coranique, tu connais ?

Une droite vint s'écraser sur la mâchoire de Hugo.

> — Tu voulais me faire la surprise, et c'est toi qui l'as eue. Ça t'étonne peut-être que la chance ait tourné, mais ici c'est un peu mon pays. On est musulman ici et toi tu es un sale infidèle. Un croisé qui se croit tout permis, y compris de narguer le prophète !

Un autre coup de pied partit en direction du bas ventre. Le prisonnier plia sous l'impact.

> — Hier, j'attendais un client fortuné à l'aéroport. Un de ces dégénérés qui veulent s'envoyer des mômes en toute innocence. Et qu'est-ce que j'aperçois ?

Un panneau tenu par un Européen sur lequel était écrit « Lagardère ». Vachement discret comme arrivée ! Mon sang n'a fait qu'un tour ! **Le commissaire Lagardère me faisait l'honneur de me rendre visite !**

Abdel s'approcha du visage humide du policier, cracha à plusieurs reprises sur sa figure, puis recula un peu.

— Alors, je me suis dit : ce fumier vient pour toi. Il vient t'arrêter ou t'enlever. C'est ça que tu venais faire, sale ordure ! Allah en a décidé autrement. Il protège les croyants, dans sa grande générosité ! Allah Akbar !

Une paire de gifles ponctua ces affirmations. Crânement, Hugo le défia du regard. Ce n'est pas ces allers-retours de fillette qui allaient l'impressionner !

— Et puis, hier soir, j'étais tranquillement installé devant la télévision quand l'alarme de ma bécane s'affole. Ah oui ! tu ne connais pas le dernier bijou de Suzuki. C'est un petit boîtier que l'on met dans sa poche et qui t'informe si un salopard comme toi touche à ta moto.

Le genou d'Abdel atterrit dans les côtes flottantes de Hugo. Cela lui arracha un grognement sourd de douleur. Béchir savait qu'en visant le foie il ferait mal.

— Alors je suis descendu au sous-sol de l'hôtel et je t'ai vu dans tes œuvres pour placer un mouchard sur ma bécane. Voilà ! la suite tu la connais. Je n'avais plus qu'à t'attendre à l'endroit que j'avais choisi. Pas mal, non, ton nouveau palace ? Là, tu n'es plus logé aux frais du gouvernement français. C'est moi qui paye et je peux te dire que le plus horrible des cloaques est encore trop bien pour toi.

— Salop !

L'autre genou s'envola vers la cuisse droite dans une méchante béquille qui fit terriblement souffrir le policier.

— Tu m'insultes maintenant ! Sais-tu que je vais te confier à mes amis malais, ceux qui prônent le jihad dans ce pays merveilleux. Il suffira que je leur glisse dans les oreilles les termes que tu utilises à mon égard. Ce sont des spécialistes de la torture lente et délicate. Ils te démonteront pièce par pièce en surveillant que tu restes toujours conscient. Tu goûteras, que dis-je, tu savoureras l'extrême jouissance.

À cet instant quelqu'un tambourina sur le volet roulant.

— Tu vois, ils n'ont pas tardé. Tu es presque sauvé, mon pote ! Je te laisse. Ne t'inquiète pas, tu es dans de bonnes mains.

Abdel éclata d'un fou rire sonore en allant lever le rideau métallique. La silhouette de deux hommes râblés se détacha dans la lumière aveuglante du soleil. Il échangèrent quelques mots en anglais avec Béchir et l'un d'eux s'approcha de Lagardère et lui asséna ses deux poings réunis sur le haut du crâne. Le coup fut si violent qu'il fit exploser l'œuf de pigeon causé par la matraque du Chinois. Une large tache de sang vint alors maculer le visage du policier.

La purification hindoue

Linda se leva peu après que son homme fut parti. Elle n'avait pas bien dormi et elle mit à nouveau cela sur le compte du fameux décalage horaire. Sur le chemin de la salle de bain, son regard croisa le GSM de Hugo qui clignotait toujours au bout du câble de son chargeur. Elle aurait préféré qu'il l'ait avec lui, mais sa négligence en avait décidé autrement.

S'il avait fait en sorte que son écran soit en veille après un certain temps de repos, la batterie ne se viderait pas aussi rapidement ! Mais non ! Trop énervant de le rallumer en fonction des besoins, qu'il disait !

Pendant qu'elle attendait que l'eau chaude arrive au pommeau de la douche, elle laissa chuter sa nuisette sur ses pieds et prépara une serviette de toilette. Elle se glissa sous l'averse bienfaisante et actionna l'ouverture des buses latérales. Elle abandonna son corps aux massages des gerbes de liquide qui surgissait de la paroi de l'appareil. Il y avait longtemps qu'elle rêvait de ce confort dans son « chez elle », mais elle savait très bien qu'elle n'en aurait jamais les moyens... sauf si sa relation avec Hugo redevenait comme autrefois, comme au début quand ils avaient l'avenir devant eux... avant que petit à petit tout ne s'écroule. La monotonie s'était installée dans leur couple. La jalousie sapait la confiance. Elle trouvait qu'il sortait trop souvent la nuit. Lorsqu'il revenait, certains parfums trahissaient ses aventures.

Maintenant, c'était différent. Il avait changé, mûri, vieilli aussi. La raison prenait chez lui le pas sur l'enthousiasme. Ses sentiments pour elle ne s'accompagnaient pas forcément de sensualité, bien qu'il ne dédaignait pas la bagatelle. Elle se rendit compte soudain qu'elle était restée trop longtemps sous la douche. Elle n'avait pas réalisé que le temps s'écoulait très vite. Hugo allait entrer et elle serait encore à batifoler sous l'eau tiède. Elle sortit de la cabine, se lova dans la serviette de bain et vint s'asseoir devant la glace pour enrouler ses cheveux auburn autour de bigoudis aux couleurs variées. La mise en plis dura quelques minutes et elle retourna dans sa chambre. Hugo n'était pas là et le spot du smartphone clignotait toujours.

Dommage qu'il ne soit pas rentré, se dit-elle, elle aurait bien cédé à ses avances, si discrètes eussent-elles été... elle aurait même pu les susciter.

Elle sortit un vernis rouge clair de son vanity case et commença à l'étaler soigneusement sur les ongles de ses orteils et comme Hugo n'était pas de retour, elle appliqua le pinceau sur ses mains. Ce n'était pas le moment qu'il débarque. Elle n'aurait pas su comment le repousser pendant que la couleur se solidifiait. En attendant, elle consulta sa montre sur la table de nuit. Il était presque dix heures. Elle appela le standard et commanda un petit-déjeuner. « Ça va le faire venir plus vite » pensa-t-elle en souriant.

À dix heures trente, elle mordait dans son dernier croissant et terminait sa tasse de thé de Ceylan. Son regard croisa à nouveau l'écran du GSM. Le spot clignotait encore en indiquant le même endroit dans la ville de Kuala Lumpur. D'un seul coup, elle sentit l'inquiétude l'envahir, son cerveau s'affolait, sa gorge se serrait. « Et s'il lui était arrivé quelque chose ? » Fébrilement, elle chercha la carte que lui avait laissée le jeune bordelais qui les avait si bien guidés la veille. Elle ne la trouvait plus ! Mais où donc avait-elle bien pu la ranger ? Cet objet pourtant si futile se dérobait à ses yeux au moment où il prenait une grande importance ! Le petit morceau de carton s'était glissé sous un magazine qui vantait les charmes de la capitale asiatique et qui avait été posé sur la table de nuit. Il y a des instants où le sort s'acharne ! Elle décrocha le téléphone de l'hôtel et composa le numéro inscrit sur la carte. Un répondeur indélicat lui baragouina quelques mots en anglais qu'elle ne comprit pas. Elle laissa un message après le bip, comme elle avait l'habitude de le faire en France et patienta quelques secondes avant de renouveler l'appel. La panique s'emparait d'elle et elle se mit à le réitérer frénétiquement jusqu'à ce que, oh miracle ! la voix du sauveur se manifeste avec détachement.

– À qui ai-je l'honneur ?
– C'est Linda, euh... excusez-moi, c'est Linda...
– Mais que vous arrive-t-il Linda ? Êtes-vous malade ? Vous avez l'air complètement bouleversée,
– Hugo est parti il y a presque quatre heures pour suivre Abdel, le vendeur d'enfants, et je ne le vois pas revenir. Il m'avait promis de ne s'absenter qu'une heure au plus.
– Vous ne pouvez pas l'appeler sur son portable ?
– Non, il l'a laissé à charger. Il est toujours là et il clignote encore.
– Linda, ne le touchez pas, j'arrive. Dans quelle chambre êtes-vous ?
– 712
– À tout de suite.

François ne tarda pas et frappa à la porte de la chambre des Lagardère, moins de dix minutes après. Il débrancha le portable pour le placer dans son veston et tous deux descendirent devant l'hôtel où une voiture attendait avec, au volant, un homme de type indien.

- Je vous présente Anbu, cela veut dire amour dans sa langue maternelle. Il est d'origine tamoule, mais c'est un vrai Malaisien. Il connaît Kuala Lumpur comme sa poche et il parle un peu français.
- Bonjour, jolie dame, lança le chauffeur à l'adresse de Linda.
- Fonce, Anbu, on va à Bukit Kewagan.

À l'approche de la moto, le Malaisien ralentit sérieusement pour s'arrêter à quelque cinquante mètres du bolide. La surveillance des lieux commença, lourde et silencieuse. Pour passer le temps, Anbu grillait cigarette sur cigarette et enfumait l'habitacle, même s'il avait entrebâillé la vitre. À l'extérieur, tout était étrangement calme quand soudain une porte s'ouvrit et Abdel surgit sur le trottoir, devant les box. Il regarda un peu dans tous les sens puis, sans doute rassuré de ne rien constater d'anormal, pénétra de nouveau dans l'immeuble pour lever un des rideaux métalliques. Deux individus sortirent aussitôt, traînant sur l'asphalte le corps d'un homme au visage ensanglanté. Ils stoppèrent leur progression à l'arrière du camion qui stationnait à proximité. Un des Malaisiens fit basculer une des ridelles de la benne et son camarade, aidé par Abdel, chargea la victime dans le véhicule.

- C'est Hugo, cria Linda dans la berline. C'est Hugo, il faut aller le secourir, il est blessé, peut-être mort !

Joignant le geste à la parole, elle saisit la poignée de la porte pour se ruer vers les agresseurs de son compagnon. Heureusement qu'Anbu, dans un acte réflexe, verrouilla les issues de la voiture.

- Ce n'est pas le moment d'intervenir, affirma François. Le rapport de force n'est pas en notre faveur. On va les suivre.
- Mais vous n'êtes pas armé ?
- Non et même si je l'étais, on devrait patienter.
- Attendre qu'il meure, c'est ça, vous voulez attendre qu'il meure ?

À peine avait-elle terminé sa phrase qu'Abdel enfourchait sa Suzuki et s'élançait vers l'extrémité de la rue. C'est alors que les trois spectateurs du drame qui se jouait virent la tête du motard partir violemment en arrière. Un jet de sang fusa de son crâne et son corps s'écrasa sur la chaussée pendant que le bolide poursuivait sa course folle. Les deux Malaisiens qui se préparaient à monter dans la cabine du camion ne furent pas traités différemment. Une rafale d'arme automatique les faucha sans leur laisser le temps de comprendre ce qui leur arrivait.

Dans leur voiture, François et Anbu s'étaient couchés sur leur siège pendant que Linda paralysée par l'horreur continuait à observer la scène qui se déroulait devant elle.

Le silence se fit et quatre individus apparurent. Deux d'entre eux qui étaient armés se postèrent chacun d'un côté de la rue alors que les deux autres déverrouillaient à nouveau la ridelle de la benne. Ils tirèrent l'homme qui s'y trouvait pour le laisser choir brutalement sur le sol et se mirent à charger les cadavres. Pour embarquer Abdel, l'un d'eux avança le camion d'une cinquantaine de mètres avant de stopper à côté de son corps inerte.

Anbu, terrorisé, risqua un œil au-dessus de son volant et s'écria :
- Indiens, Indiens qui attaquer...
- Il m'avait semblé aussi, ajouta François. Regarde, un des gars armés a récupéré la moto. Il a fait une

affaire, celui-là ! Il avait une kalachnikov, maintenant il a une bombe.

— Vous croyez que c'est le moment de plaisanter ? En attendant, mon homme est en train d'agoniser sur le goudron. Si Monsieur le chauffeur voulait bien libérer les serrures !

Linda, folle d'inquiétude, finit par s'extraire du véhicule. Elle se précipita à la rencontre de son compagnon inanimé. Il était étendu sur le sol, les pieds et les mains toujours entravés par des chaînes.

— Il est vivant hurla-t-elle à l'adresse de l'attaché d'ambassade, il est vivant, il faut immédiatement l'emmener. Vous m'entendez François, venez vite m'aider, dit-elle en se penchant sur le corps de son homme.

— Je vérifiais juste que les Indiens n'avaient pas fait demi-tour.

— On doit le détacher, reprit-elle en se ruant vers la porte d'où Abdel avait surgi.

Elle revint quelques instants plus tard avec un coupe-boulon qu'elle avait trouvé dans le garage où Hugo avait été séquestré. Anbu le lui enleva aussitôt des mains et s'appliqua à libérer le policier toujours inconscient. Ils le placèrent à l'arrière de l'automobile, calé entre sa femme et François et le chauffeur démarra en trombe en direction du Kuala Lumpur Hospital. Pendant le trajet, Linda tenta en vain d'effacer les traces de sang qui maculaient son visage à l'aide de son mouchoir qu'elle imbibait de salive. À leur arrivée, une équipe médicale, prévenue par François, les attendait à l'entrée de l'établissement pour le prendre en charge. C'est allongé sur une civière, qu'ils le roulèrent à l'intérieur du bâtiment pour l'installer presque aussitôt sur une table d'examen. Un urgentiste vint l'ausculter. Il s'attarda sur la blessure qu'il présentait sur la tête et posa quelques points résorbables pour fermer la plaie. Il passa ensuite le flambeau aux infirmières pour qu'elles traitent les différentes contusions éparpillées sur le corps du Français. Nettoyé et ragaillardi, on le transféra, trois heures plus tard, dans une chambre afin qu'il récupère.

L'Ambassadeur en personne se déplaça au chevet de Lagardère et s'entretint quelques instants avec le médecin avant de s'adresser à Linda :

- Madame, jamais je n'aurais pensé que la Malaisie se montre à vous sous un tel jour. Sachez que je le regrette infiniment. Ce pays est merveilleux sous certains aspects et terrible sous d'autres. Je vais ordonner à mes services de faire le nécessaire pour que le commissaire Lagardère bénéficie d'un important arrêt maladie.
- Vous croyez qu'il est si blessé que cela ? demanda-t-elle inquiète.
- Le Docteur m'a dit qu'il s'en tirerait sans séquelles et qu'il était déjà en train de reprendre ses esprits. Il a subi un léger traumatisme crânien et quelques meurtrissures çà et là.
- Vous me rassurez un peu.
- Le médecin a ajouté qu'un arrêt d'un jour en Malaisie, correspond à un congé maladie d'un mois en occident. Je vais faire le nécessaire auprès de mes services pour qu'il en soit ainsi.
- Merci beaucoup, Monsieur l'Ambassadeur... euh... Votre Excellence
- Au plaisir, Madame.

Cinq heures plus tard, tous les quatre repartaient en direction de l'Hôtel Furama Bintang, sous des trombes d'eau déversées par une averse tropicale. Hugo avait lentement repris ses esprits. Les soignants avaient orné le haut de son crâne rasé d'un pansement assez peu seyant qui fit se retourner bien des clients lors de leur passage par la réception. Quand ils furent arrivés dans leur chambre, Linda exigea qu'il s'allonge pour mieux récupérer de l'agression qu'il avait subie.

François se préparait à les quitter quand le policier se souvint de sa fonction :

— Où est Béchir, on doit absolument le retrouver, c'est essentiel.

— Mais non, Chéri, il est mort, j'ai vu une balle traverser sa tête, c'était une image affreuse, je n'oublierai jamais. Même si c'était une ordure, on ne peut souhaiter cela à personne !

— Il faut examiner Abdel. Voir sa main gauche serait suffisant pour enfin connaître la vérité.

— Je ne crois pas que cela soit possible, répondit François. Sa dépouille a été emportée par des Indiens, certainement des membres de la mafia sikhs. C'est une organisation très influente en Malaisie.

— Vous êtes bien placé pour demander aux responsables indiens d'intervenir pour récupérer le corps ! Même s'il faut payer. Dans ce pays tout s'achète, les enfants aussi, alors pourquoi pas le corps d'un criminel sans scrupules.

— Sauf qu'il est probablement déjà parti en fumée en bordure de la forêt d'hévéas qui borde la ville. C'est là que tous les Indiens sont incinérés. Les plus riches le sont au bois de santal et les plus pauvres avec de vieilles palettes. À propos de lieu, j'allais oublier de vous rendre votre portable.

Tenez !

– Merci !

– Regardez, le spot est encore là, mais il clignote dans la banlieue, comme je vous disais. Abdel s'est trompé de destination. Au lieu de rejoindre en héros le pays d'Allah, il doit se contenter de Kali. Remarquez bien qu'avec toutes les mains dont elle dispose, s'il veut des caresses, il sera servi. L'avantage aussi, c'est qu'il risque la réincarnation. Pour lui ce sera peut-être en crapaud ! C'est tout ce qu'il mérite.

– Linda, tu disais qu'une balle lui avait explosé le crâne. On pourrait éventuellement retrouver sur place du sang ou de la matière cérébrale pour comparer l'ADN avec celui du tueur.

– Avec ce qu'il est tombé, mais tu n'es pas bien dans ta tête... oh pardon, je ne voulais pas faire allusion à ta blessure. Toujours est-il que l'averse a tout emporté et que tu dois te faire une raison : l'ADN d'Abdel Béchir s'est définitivement dilué en terre malaisienne.

– Et merde ! On est venu pour rien.

– Merci, ça fait toujours plaisir à entendre. C'est ce qui s'appelle un voyage de noces réussi. Je retiendrai qu'il n'a servi à rien.

– Mais non, ce n'est pas ce que j'ai voulu dire... je parlais uniquement de ma mission, ne te vexe pas...

– Ce qui est dit est dit. Ça n'a servi à rien, d'ailleurs je ne sers moi non plus à rien, sauf quand il faut te ramasser à la petite cuillère dans les faubourgs de Kuala Lumpur. La Malaisie me gonfle et je n'ai qu'une idée en tête : c'est me barrer d'ici. Tous ces gens qui courent dans tous les sens, c'est invivable.

La fourmilière, ras le bol !

Hugo réfléchit quelques instants, salua François qui ne cherchait surtout pas s'immiscer dans les problèmes internes du couple et finit par conclure :

— Eh bien ! Tu l'auras voulu !

— Je l'aurais voulu quoi ? Moi j'aurais voulu un vrai voyage de noces avec un mec entier, pas un bonhomme qu'on n'ose plus toucher de peur d'effleurer un de ses hématomes et de le faire hurler. Un type normal qui apporte des fleurs à sa femme ! Pas un époux qui sème les cadavres derrière lui et joue les Rambo en Asie du Sud-Est.

— Tu as raison. La Malaisie, c'est fini, on part demain. Je me sens mieux, je t'aide à faire les valises.

— Mais ça ne va pas, non ! Tu t'allonges et tu ne penses qu'à une seule chose : récupérer, tu entends : récupérer. Les bagages, c'est moi qui m'y colle. Et puis, où veux-tu aller ? Rentrer à la maison ? Je te vois venir. Tout de suite tu fonceras pour enquêter sur la mort d'Ahmed. Pas question ! D'ailleurs, tu n'as pas le droit de reprendre le travail !

— Pardon ?

— Oui, son Excellence a affirmé qu'il t'octroyait un mois de congé maladie. Toi qui n'as jamais manqué un jour, ça t'obligera à te reposer un peu !

— Je n'étais pas au courant.

— Tu ne pouvais pas savoir puisque tu étais dans les vapes quand il me l'a dit.

— D'accord, finit-il par admettre, vaincu par les arguments de Linda, je t'emmène à Phuket.

— C'est où çà ?

– En Thaïlande.

– S'il y a la mer, du sable fin, et un simple parasol avec mon homme dessous, c'est tout ce que je désire et rien d'autre.

Linda s'éloigna dans la salle de bain. Elle ouvrit le robinet d'eau froide du lavabo et aspergea son visage à plusieurs reprises avant de lever la tête et d'observer son reflet dans le miroir. Son maquillage avait presque totalement disparu, dissout par la sueur, les larmes et l'eau. Le peu qui restait coulait lamentablement sur ses joues. Elle se trouva un air triste et elle l'était sûrement. Toutes ces émotions, en si peu de temps, avaient creusé toutes les rides qu'elle s'efforçait avec acharnement de masquer. Elle essuya son visage avec une serviette qu'elle jeta de rage immédiatement sur le sol. Mais pourquoi ne s'était-elle pas entichée d'un boulanger ?

Elle réfléchit quelques secondes et rectifia la supposition. Un mec qui bosse la nuit, ça ne l'aurait pas fait. Un pompier, pourquoi pas un pompier ? Non, trop dangereux, surtout à cause de l'uniforme. Il y a trop de femmes qui y sont sensibles. Un médecin, à la rigueur ? Il aurait demandé, à toutes les jolies filles qui seraient venues le consulter, de se déshabiller, même pour une simple migraine.

Lasse de réfléchir, elle réalisa qu'un flic, ce n'était peut-être pas le pire des partis, et elle regagna la chambre. Hugo s'était assoupi. Elle se glissa doucement à ses côtés et s'endormit.

Tous deux avaient oublié de manger depuis le matin, mais l'heure était à la récupération.

Phi Phi

Hugo se réveilla très tôt à cause des douleurs qui le tenaillaient un peu partout. Sans bruit, il s'habilla et descendit à la réception, non sans déposer, sur la table de nuit, un petit mot à proximité de Linda afin qu'elle ne pense pas que les événements de la veille se reproduisaient. Il s'installa derrière un des ordinateurs laissés à la disposition des clients et rechercha un départ pour Phuket. Il refusa de voler sur la tristement célèbre Malaysia Airlines. Tous les avions de cette compagnie maudite étaient susceptibles de contrarier Linda et ce n'était pas le moment, surtout en plein voyage de noces. Il choisit un Boeing d'Air Asia qui décollait un peu après seize heures et qui arrivait vingt minutes plus tard après un peu plus d'une heure passée au-dessus des nuages. Il devait encore y avoir des décalages horaires pour expliquer cette aberration. Sa montre allait de nouveau faire des cauchemars. Il réserva aussi une chambre au Novotel Phuket Resort, à proximité de la plage et avec vue sur mer. Il fallait beaucoup chercher sur le descriptif de l'hôtel pour s'apercevoir qu'on devait traverser une rue pour y accéder. Mais peut-être les voies thaïlandaises étaient-elles moins fréquentées que celles de Kuala Lumpur.

Satisfait, il remonta dans sa chambre pour constater que Linda avait déjà envahi la salle de bain. Il frappa à la porte qui aussitôt s'entrebâilla :

— Où étais-tu ? J'ai eu très peur, je n'ai pas trouvé

tout de suite ton mot. Pour moi les ennuis reprenaient !
- Je suis allé réserver l'avion et l'hôtel pour ce soir. Tu auras la vue sur la mer depuis ta fenêtre. C'est presque sûr !
- Pourquoi presque ?
- Parce que sur les photos que j'ai observées, il me semble qu'il y a des arbres qui cachent une partie de la plage. Tu en as pour longtemps ?
- Je n'en sais rien ! Il n'est que huit heures et je n'ai rien de prévu et toi non plus j'espère. Sinon...
- Sinon quoi ?
- Je démissionne. Tu pars tout seul et moi je rentre à la maison.

Linda claqua la porte et Hugo entendit le verrou se refermer violemment. « Elle n'a toujours pas digéré la journée d'hier », pensa-t-il.

En attendant que la place soit libre, il prit connaissance de ses mails. Il y en avait plusieurs qui émanaient de la boutique. Gilbert et Alexia avaient la plume facile.

Le premier rapport concernait la mort d'Ahmed. Une prostituée l'avait trouvé vers minuit, dans la rue de la Fusterie, baignant dans une mare de sang. Elle avait appelé le commissariat espérant sans doute s'attirer les bonnes grâces des flics en cas d'incident avec les forces de l'ordre.

Hugo pensa à cet instant que les péripatéticiennes bordelaises n'étaient pas toujours exemptes de naïveté et que des petites compensations feraient mieux que renseignements et mièvreries.

Gilbert raconta ensuite que c'était lui qui était arrivé le premier sur place. Les agents de police avaient simplement sécurisé la scène de crime. Ahmed, allongé dans l'embrasure de la porte de son immeuble, présentait une large balafre au niveau du cou qui avait occasionné une hémorragie cataclysmique à l'origine du décès.

Dans la matinée, il avait dû céder les lieux au Commandant Georges Bénazet du commissariat de la rue du Cerf Volant qui avait été « invité » à prendre l'affaire en main par le juge Andouard. Cazeneuve ajoutait qu'il avait téléphoné au Docteur Desgranges, dans les locaux duquel on avait transporté la dépouille pour connaître ses premières conclusions. Le légiste lui avait confié qu'il avait découvert, dans le slip du concierge, la langue d'Ahmed. Il avait souligné que cette amputation avait été réalisée post mortem. Il pensait que cela avait un caractère symbolique de la part de l'assassin. Gilbert se disait ensuite désolé que le commissariat n'ait plus son chef pour résister aux coups bas du juge à son encontre. Tout le personnel se joignait à lui pour lui souhaiter un agréable séjour à Kuala Lumpur.

Hugo allait prendre connaissance du mail suivant quand Linda libéra la salle de bain. Ce n'était pas le moment de tergiverser, elle pouvait changer d'avis à tout instant et y retourner.

Ils s'apprêtaient à descendre pour prendre leur petit-déjeuner quand on frappa à la porte. C'était une femme de chambre qui apportait les habits que portait Hugo la veille.

— Tu les as fait nettoyer ? demanda ce dernier incrédule.

— Bien sûr. Non contente de te ramasser dans le caniveau, je prends soin de ta garde-robe. On n'allait tout de même pas partir avec ta chemise pleine de sang et ton pantalon maculé de graisse. Thank you, Mademoiselle !

— Tu parles anglais maintenant ?

— Si tu t'absentais pour une raison ou pour une autre et que je ne te voyais pas revenir, il faudrait bien que je me débrouille, donc je m'initie à la langue de Shakespeare.

— Parfait, alors c'est toi qui me guides à partir de ce jour !

Deux heures plus tard, ils patientaient au comptoir d'enregistrement d'Air Asia. Ils satisfaisaient aux contrôles aux frontières quand un policier malaisien pria Hugo de le suivre. Linda, inquiète, leur emboîta le pas. L'agent les fit asseoir dans une petite salle non loin de là. Dans un anglais assorti d'un horrible accent asiatique, il lui demanda ce qu'il était allé faire, la veille, dans Bukit Kewagan. Comme Lagardère jouait les étonnés, le fonctionnaire lui expliqua qu'une caméra de surveillance avait filmé un triple assassinat dans ce quartier. Un logiciel de reconnaissance faciale avait comparé les images avec la photo qu'avait faite de lui le service d'immigration à son arrivée en Malaisie.

— Je crois qu'on n'est pas partis, confia Hugo à sa femme. Ils veulent des précisions sur la tuerie d'hier.

— Mais attends, nous sommes les victimes et ce n'est pas ce pantin orné de galons factices qui va nous faire manquer l'avion. J'en ai marre de ce pays ! Il faut qu'on se barre au plus vite !

— Doucement ! Je ne crois pas que son arme soit factice. Je vais essayer de le convaincre de nous laisser partir.

— Donne-moi ton téléphone.

— Qui veux-tu appeler ?

— T'occupe !

Linda fouilla quelques instants dans son sac à main puis

se leva pour s'isoler un peu dans un des angles de la pièce. Pendant ce temps, son compagnon tentait de persuader le policier, dans son anglais hésitant, qu'il n'avait pas participé à la rixe dont il parlait. Simultanément, il entendait Linda discuter en sourdine sans comprendre ses propos. Quelques minutes plus tard, elle vint reprendre sa place. Très courtois, le fonctionnaire continuait à poser question sur question et notait lentement les explications sur un carnet à spirale ce qui avait le don d'énerver Linda. Elle regardait l'heure pour la énième fois quand le téléphone sonna dans son sac. Elle se mit frénétiquement à le chercher parmi tout son attirail et finit par le présenter au policier éberlué. Celui-ci le porta à son oreille et d'un seul coup se leva et se plaça au garde-à-vous, tout en répondant à son correspondant en opinant du chef. La conversation ne fut pas longue. Il tendit finalement le GSM à Linda et leur signifia qu'ils étaient libres. Dans l'aérogare, une voix suave appelait pour la dernière fois les époux Lagardère à se présenter au comptoir d'embarquement d'Air Asia.

Une fois assis dans leur fauteuil, Hugo questionna :

– Que s'est-il passé ? Je n'ai rien compris. Le flic était tétanisé !

– J'ai simplement demandé à François d'intervenir. Il a été, encore une fois, très efficace. Il m'a dit que l'Ambassadeur connaissait très bien le chef de la police de Kuala Lumpur. Leurs enfants vont ensemble au Lycée Français... ça aide !

– Bien joué, sans toi, on serait encore dans un bureau sordide à palabrer...

– Et peut-être finirait-on notre existence dans un cul de basse-fosse asiatique, à moisir là pour l'éternité, parmi les cafards et les serpents à lunettes !

Tous deux éclatèrent de rire, sous le regard réprobateur de l'hôtesse de l'air qui mimait les consignes de sécurité avec son gilet de sauvetage orange. Linda ajouta :

– Mais comment Abdel a-t-il pu apprendre que tu étais arrivé à Kuala Lumpur ?

– Il m'a dit avoir aperçu le panneau que tenait... mais comment s'appelait-il donc le gars de l'ambassade qui nous a accueillis ?

– Vincent Delacroix.

– Je ne sais pas comment tu fais pour retenir les noms ! Tu n'auras aucune difficulté pour comprendre l'anglais.

– Je l'ai trouvé beau gosse, c'est tout. Il ressemblait un peu à George Clooney.

– C'est un fantasme de bonne femme que ce mec ! Toujours est-il qu'Abdel avait vu l'annonce avec « Lagardère » écrit dessus.

– Et c'est là qu'il s'est dit : Abdel, tu n'es pas allé à Lagardère et c'est Lagardère qui ira à toi !...Il a de la culture le gars ! ou bien il s'est plongé assidûment dans les romans de Paul Féval ou bien il a usé ses fonds de culotte au cinéma.

– La différence, c'est que ce n'est pas Le Bossu, que d'ailleurs je ne suis pas, qui sauvera son Aurore, mais sa Linda qui est arrivée à son secours.

– On va donc réécrire l'histoire... à la fin c'est Abdel qui meurt !

– Mais, attends, tu me fais penser à quelque chose...

– Oui, je t'écoute... tu me fais peur !

– Comment a-t-il pu savoir que le policier qui venait l'interpeler se nommait Lagardère ?

– Son frère, peut-être ?

184

– Très peu plausible. Quand il n'était pas dans la cellule du commissariat ou en taule à Gradignan, il était tellement surveillé que jamais il n'aurait pris le risque de l'appeler ou de lui répondre au téléphone.

– L'avocat d'Ahmed ?

– C'est peu probable également. Je ne l'imagine pas sonner son frangin à l'autre bout du monde, d'autant qu'il était nommé d'office. Ces gens-là ne font pas dans le sentimental et marchent à l'économie. Ils gagnent leur croûte, point barre !

– Tout ça va t'empêcher de dormir ! Tiens, on décolle ! J'ai peur !

Deux minutes plus tard, Linda oubliait ses craintes de crash en se jetant dans les bras de Morphée. Hugo savait qu'il ne pourrait pas l'imiter et reprit la lecture de ses mails.

Alexia lui expliquait qu'elle avait tant regardé la vidéo des frasques du procureur qu'elle faisait des cauchemars en s'agitant tellement dans son lit que son mari l'avait menacée de faire chambre à part. À part cela, elle avait continué à surveiller les débits bancaires de feu Jean de la Porte. Le détenteur de la carte avait fait récemment un achat d'un peu plus de quinze mille dollars. Le virement avait été effectué sur un compte appartenant à Moto Garage Kuala Terengganu. La jeune femme poursuivait en lui souhaitant un agréable séjour.

Hugo en conclut qu'Abdel avait réglé la moto grâce à la générosité du procureur avec d'autant plus de facilité qu'il n'avait pas besoin de connaître le code secret de la carte. La lecture de la piste magnétique et un paraphe, même factice sur la facturette, et le tour était joué. Monsieur le Juge Andouard, en omettant toujours de bloquer les comptes du défunt, laissait les banques asiatiques se gaver aux dépens de leurs consœurs françaises. Il excuserait, comme d'habitude, ce genre de négligence par une carence chronique en personnel dans la magistrature.

Il ouvrit enfin un dernier mail, signé de tout le commissariat qui lui souhaitait le meilleur sans le pire. Ils étaient unanimes pour dire qu'il leur manquait, mais ce n'était pas une raison pour qu'il ne prenne pas du bon temps. Il sentit une larme qui pointait au coin de ses yeux, l'émotion était trop forte. Heureusement que Linda dormait, elle aurait lancé une moquerie sur le gros nounours qui s'attendrissait à la moindre marque d'attention. Il éteignit son téléphone quand l'hôtesse vint lui demander si celui-ci était bien en mode « avion ». Comme il ne connaissait pas la manipulation, il préféra cette solution radicale.

Il chercha à s'assoupir, mais en vain. Les événements de la veille resurgissaient sans cesse dans sa mémoire. Abdel, mieux informé que lui, qui l'entraînait dans un guet-apens, c'était le monde à l'envers. Et puis soudain une équipe de tueurs qui débarque, abat son agresseur et le fait disparaître sans qu'il soit possible de déterminer si c'était bien lui le meurtrier du procureur. Un peu de son sang aurait été largement suffisant pour amener la preuve de sa culpabilité ou de son innocence. Aurait-il enlevé le gant de sa main gauche que le résultat eut été le même.

Une autre hôtesse tout habillée de rouge vint lui apporter un coca. Cela ne réussit pas à lui changer les idées.

Demeurait encore la question du mobile du crime du procureur. Pour le juge Andouard, l'affaire était entendue depuis le début. Une simple confrontation qui se termine de façon dramatique entre une crapule et un homme de loi qui, de par sa fonction, était obligatoirement intègre. D'ailleurs, il pouvait d'ores et déjà enterrer l'enquête en même temps que les deux frères. Mais pourquoi Abdel aurait-il détruit son gagne-pain. Trop exigeant ? Probablement pas. Il approvisionnait en chair fraîche et tendre son client de manière régulière et touchait en retour des primes certainement conséquentes. Les fournisseurs de telles denrées ne devaient pas être légion et donc tous deux n'avaient aucun intérêt à se fâcher. Ultime argument qui plaidait pour l'innocence d'Abdel, c'était leur rencontre présumée dans « L'Antre du Corsaire » et leur long cheminement le long des quais de la Garonne avant d'arriver rue de la Fusterie. Béchir était un être abject, rusé, roublard, mais « homo » rien n'était moins sûr. Il avait une copine qui certes jouait plus le rôle d'hôtel que de maîtresse et ce n'était certainement pas la seule. Aux dires de son frère, ils avaient l'habitude de se payer des filles du quartier Saint- Michel pour des petites coucheries à trois ou quatre. Des mœurs qui n'incitaient pas à entrer dans cette boîte interdite aux femmes et plutôt réservée aux bourgeois amateurs de plaisirs helléniques.

Dans un anglais nasillard, le pilote annonça le début de la descente sur Phuket. Cela eut pour effet de perturber quelque peu le sommeil de Linda qui changea légèrement de position avant de s'enfoncer de nouveau dans ses rêves érotiques avec George Clooney. C'est du moins ce que Hugo imagina en voyant les mimiques sur son visage.

Le Novotel était un établissement moderne au milieu d'un parc planté d'arbres tropicaux. Les flamboyants rouges ou jaunes commençaient leur floraison sur leurs branches dépourvues de feuilles. Les bougainvilliers ajoutaient des teintes roses, violettes et blanches au tableau coloré que réalisait la végétation.

L'enceinte franchie, le spectacle changeait quelque peu. Les fils électriques, téléphoniques et d'autres encore formaient une toile que n'auraient pas reniée les araignées les plus expertes. La rue qui longeait le bord de mer était encombrée à longueur de journée par des véhicules en tous genres, entre lesquels se faufilait une kyrielle de deux roues klaxonnant à tue-tête et pétaradant pour mieux se faire entendre. Qui a dit que ces engins pouvaient transporter deux personnes l'une derrière l'autre ? Sur certaines motocyclettes s'entassaient simultanément jusqu'à quatre passagers ou passagères dont certains manifestement destinées à la consommation occidentale.

Comme promis, Linda put s'extasier en admirant la baie de Patong depuis son balcon. L'ombre des cocotiers entourant la plage incitait au farniente entre deux baignades. De part et d'autre de la langue de sable abritée de parasols installés par l'hôtel, des barres rocheuses s'avançaient dans la mer et servaient de promontoire à de rares pêcheurs. À quelques encablures du rivage, un grand bateau de croisière avait jeté l'ancre. Ses chaloupes déversaient leur cargaison de passagers, un peu plus loin, au niveau d'un débarcadère improvisé composé de quelques planches mal ajustées.

Elle résista à l'attrait de la plage, le temps de pendre ses vêtements dans les placards afin qu'ils se défroissent après le départ hâtif de la matinée. Elle enfila très vite un maillot pour aller tester la température de la mer d'Andaman. Hugo la suivit un peu à contrecœur. Il aurait préféré répondre aux e-mails qu'il avait reçus. Il ne regretta pas le déplacement, car certaines clientes de l'hôtel avaient décidé d'essayer leur nouveau costume de bain à faire rougir les habituées de Copacabana à Rio de Janeiro. Le tableau parut moins idyllique quand il s'en approcha. Il s'aperçut que certaines naïades avaient largement franchi la soixantaine et ne devaient leur corps de jeunes filles qu'aux talents de certains professionnels du bistouri. D'autres, aussi sculpturales, dissimulaient, tant bien que mal des attributs qu'elles n'avaient pas encore fait supprimer. Le paradis artificiel avait un nom : Patong Beach.

Hugo plongea derrière Linda dans l'eau tiède et cristalline. Il n'y demeura que quelques minutes puis rentra à l'hôtel. Il examina à nouveau la vidéo et en isola deux photos des enfants qu'il envoya sur son portable. Il décida ensuite de répondre à ses e-mails. Cela l'occupa quelques minutes. Restait la corvée dont il n'arrivait pas à se débarrasser : annoncer au Procureur Trochu et au juge Andouard le décès et la crémation d'Abdel. Il ferait un copier/coller en changeant seulement l'en-tête et le destinataire.

« Monsieur le Procureur Général,

« J'ai le regret de vous informer de la mort par balle du dénommé Abdel Béchir dans un faubourg de Kuala Lumpur et de l'incinération probable de sa dépouille sans que je n'aie jamais pu apercevoir sa main gauche. Dans ces conditions, je considère ma mission comme étant achevée.

« Cordialement,

« Commissaire Hugo Lagardère »

C'était concis et sans ambiguïté. Pour le Procureur Trochu, l'honneur de sa profession était sauf et pour le juge Andouard, les poursuites cessaient et il pouvait passer à autre chose. Lagardère ne se faisait pas d'illusion, il saurait très vite enterrer Ahmed et même oublier ses assassins. Les tueurs des petits ne sont-ils pas des moins que rien comme leurs victimes. À entendre certains, ils ne méritent pas la corde pour les pendre.

Quand Linda rentra, le soleil commençait à décliner. C'est toujours le cas sous les tropiques, l'après-midi se termine assez brutalement.

— Prépare-toi, lui dit-il, nous dînons ce soir dans un restaurant typique. Cuisine thaïlandaise garantie.

— Chic ou décontracté ?

— Cool, mais pas de tenue provocante, sinon tu seras vite abordée par des gigolos thaïlandais que tu devras rémunérer au quart d'heure.

— Un peu de tourisme sexuel ? Pourquoi pas ! Ce n'est pas réservé aux hommes !

— Nous partons manger chacun de notre côté ?

— Idiot ! Ne me fais pas regretter de t'avoir sauvé la vie avant-hier.

— As-tu vu, en revenant de la plage, sur le bord de la route, le Baan Rim Pa ?

— Tu n'as pas le bon accent, je ne comprends que le Thaïlandais authentique.

— C'est le restaurant qui donne sur la mer. Sous l'auvent, on pourra admirer le coucher du soleil, si le navire de croisière ne nous gâche pas le spectacle.

Ils accédèrent à la salle à manger par une allée qui serpentait à travers un petit jardin chinois orné de palmiers nains et de fleurs de rocailles. L'établissement était construit en bois vernis. Au centre, un bar rectangulaire accueillait quatre Américains qui trinquaient gaiement. Sur la terrasse couverte, deux des quatre tables étaient déjà occupées par des Européens. Linda s'installa face à la mer, aidée en cela par une serveuse très souriante.

— As-tu remarqué, confia-t-elle à Hugo, je suis la seule femme parmi les clients.

— Oui, en effet. C'est sûrement une coïncidence. D'autres viendront sans doute dans la soirée. Que prends-tu comme apéritif ?

— Whisky soda et toi ?

- Pareil. As-tu vu que les chaloupes ont interrompu leur navette. On dirait même qu'ils sont en train de les remonter à bord.
- Exact ! Ce bateau ne devrait pas tarder à appareiller pour un autre paradis. M'amèneras-tu un jour faire une croisière ? J'en rêve depuis si longtemps.
- Ce sera pour le prochain voyage de noces.
- Goujat !

Négligemment, Hugo avait laissé son portable sur la table, à côté de lui. Sur l'écran, il avait affiché le portrait du petit garçon qui avait participé aux ébats contre nature avec le Procureur Jean de la Porte. Quand la serveuse vint apporter les verres d'alcool et les amuse-bouches, elle vit le cliché et ne put s'empêcher de faire une remarque :

- C'est Wittawin, s'exclama-t-elle en anglais, il est très mignon sur cette photo.
- Vous le connaissez bien ? demanda Linda.
- Oui, il n'habite pas très loin d'ici avec sa sœur Chanchira, chez leurs parents adoptifs.
- Tu veux dire qu'ils n'ont plus ni leur véritable père ni leur mère ?
- Je ne sais pas. Peut-être ont-ils été vendus ? Cette pratique n'est pas rare chez les paysans pauvres du Laos ou du Cambodge. Beaucoup de touristes aiment jouer avec eux.
- C'est affreux, poursuivit Hugo. On pourrait les rencontrer ?
- Je peux leur demander de venir à la fin du repas, si vous le désirez. Il faudra leur donner cinquante dollars, c'est le tarif habituel.
- C'est d'accord, acquiesça le policier.
- Je vous conseille la langouste thaïe, elle est très

relevée, mais succulente et surtout très fraîche. Je peux vous la montrer vivante avant que le chef ne la travaille.

— Non, ce n'est pas la peine, répondit Linda en manifestant une esquisse de recul horrifié, vous saurez très bien la choisir à notre place.

— C'est comme vous voudrez ! Et comme boisson ?

— Qu'avez-vous à nous proposer ?

— Je vous conseille un blanc sec australien, un vignoble situé sur les contreforts des Montagnes bleues, au nord de Sydney. Il est excellent.

Un quart d'heure plus tard, le bateau de croisière s'éloignait vers le détroit de Malacca. Le soleil, rouge orangé, commença alors sa lente plongée dans la mer d'Andaman en incendiant les quelques nuages qui parsemaient le ciel. Une jeune et jolie fille arriva et disparut comme elle était venue avec l'un des Américains. Petit à petit, au gré des apparitions l'établissement se vida de ses convives. Les Lagardère se retrouvèrent bien seuls devant leurs desserts composés de mangues et d'ananas harmonieusement arrangés dans une coupe en cristal.

Les deux enfants se présentèrent ensemble, chacun tenant une des mains de la serveuse. Ils étaient tous deux vêtus d'une robe rouge richement brodée de fils d'or, leur costume d'apparat, en quelque sorte.

Hugo les fit asseoir et commanda un dessert pour chacun d'eux. Puis il demanda au garçon :

— Tu reconnais le monsieur, à côté de toi sur la photo ?

— Oui, répondit-il avec un sourire timide, c'est le plus gentil.

— Pourquoi, il y avait un méchant ?

— L'autre, expliqua-t-il en montrant son poing fermé

devant son œil pour imiter une caméra.

— C'est lui, ajouta sa sœur, qui était brutal. Il m'a fait très mal au ventre. Il s'est très vite déshabillé pour s'amuser de nous. D'ailleurs, pour me venger, j'ai essayé de lui voler sa montre en partant. Regardez la photo, c'est celle qui est là, sur la table de nuit.

La fillette montra du doigt l'objet et le souvenir de ces instants douloureux lui arracha quelques larmes qu'elle essuya du revers de sa main. Hugo pensa qu'on devait leur apprendre à ne jamais pleurer devant le client, car très rapidement un sourire forcé éclaira à nouveau son visage maquillé.

— Il s'en est aperçu ? demanda Linda.

— Oui et il m'a balancé deux gifles, très fort. J'ai gardé la trace pendant quatre jours. Même que je n'ai pas pu travailler pendant ce temps-là. J'ai été consignée à la maison pour faire le ménage.

Les deux enfants restèrent pendant un peu plus d'une heure à raconter leur vie de sexe et de labeur. Pour une fois, ils vivaient un repas normal où le coca étanchait leur soif et les fruits rassasiaient leur gourmandise. C'était Noël... demain serait un jour différent pendant lequel ils rencontreraient d'autres gens, jaloux de leur jeunesse au point de la leur confisquer.

Au moment de partir, Hugo vola à chacun d'eux quelques photos et leur remit le « salaire » de leur soirée.

— Qu'as-tu fait avec ton téléphone avant de prendre des clichés ? Je t'ai vu bidouiller tes icônes.

— J'ai enregistré leur histoire. Si un jour je retrouve le salopard qui a profité de ces enfants, je veux lui faire revivre le pourquoi de la prison qui l'attend.

Le lendemain, à la première heure, Hugo quitta la chambre du Novotel, laissant Linda profondément endormie. Il posa non loin d'elle un petit mot sur lequel il avait inscrit : « Si je ne suis pas de retour à midi, appelle François. Bisous... »

Il longea la route du bord de mer jusqu'au débarcadère des chaloupes des navires de croisière. Là, il aperçut une agence sur les vitrines de laquelle étaient affichées plusieurs excursions. L'une d'entre elles attira son attention. Il était question de découvrir, en bateau rapide, les îles Phi Phi. Le départ était prévu pour dix heures. Il entra et réserva deux places avant de revenir à l'hôtel pour prendre le petit déjeuner avec sa belle.

Linda dormait encore. Il s'arrangea pour s'ébrouer bruyamment sous la douche et ainsi la faire émerger de son profond sommeil. Quand il sortit de la salle de bain, il trouva Linda debout, le billet qu'il avait laissé à la main.

– Parce que tu t'imagines que je te sauverai tous les jours ? Mais tu rêves !

– Du rêve, je vais t'en proposer. Je t'invite à Phi Phi.

– Pardon ?

– Rien à voir avec une quelconque façon d'uriner, bien que cela se prononce de la même façon. C'est, paraît-il le paradis sur terre, ou sur mer, au choix. Si tu veux bien, tu seras mon Ève.

– Et toi mon Adam, c'est cela ? Et sur ces rivages enchanteurs, y a-t-il des pommiers ? En attendant, j'ai faim. On descend à la salle à manger. Je ferai ma toilette plus tard.

Une heure après, ils prenaient place dans un minibus déjà lourdement chargé qui les amena sans ménagement à travers la ville vers un vieux hangar auquel était adossé un ponton. Après quelques minutes passées à patienter sous l'abri, tous les touristes présents furent invités à monter dans un speed-boat d'une quinzaine de mètres équipé trois moteurs hors-bord de trois cents chevaux chacun. Lentement, la cigarette descendit un bras de mer étroit, parfois port de pêche, parfois cimetière marin, avant de déboucher sur l'eau libre. Une petite houle s'installa progressivement au fur et à mesure que le bateau gagnait le large. Lancé à grande vitesse, le canot s'envolait sur les vagues pour retomber dans des gerbes d'écume, pour le plus grand plaisir des jeunes amateurs de sensations fortes qui s'étaient postés à la proue de l'embarcation. Linda avait placé sa serviette sous son postérieur pour atténuer un peu les chocs, mais sans succès. On lui aurait botté les fesses que le résultat eut été identique. Hugo, pour sa part avait choisi de rester debout, les genoux un peu pliés pour amortir les secousses.

Le speed-boat s'amarra sur le rivage de Ko Phi Phi Don, après une heure de saute-moutons. La moitié des passagers se précipita dans la paillote qui bordait la plage paradisiaque. Chacun d'eux commanda une bière ou un jus de fruit afin de se remettre des émotions de la traversée. Les autres plongèrent sans attendre dans la mer qui s'était parée d'une couleur verte à faire pâlir les plus belles émeraudes colombiennes.

Après un copieux repas collectif, le « capitaine » rameuta sa troupe pour un départ vers Monkey Beach où les plus téméraires distribuèrent quelques bananes aux singes dits « sauvages » qui avaient colonisé les branches des arbres qui s'étiraient au-dessus de l'eau. Un passage devant Viking Bay et sa grotte garnie d'échelles en bambous destinées à cueillir les nids d'hirondelles et le canot prit la direction de Maya Bay. Dès que l'embarcation se fut glissée entre deux falaises pour pénétrer dans ce cercle montagneux, Linda chercha en vain à apercevoir Leonardo Di Caprio héros du film « La Plage ». Une fine langue de sable, abritée par une paroi de craie en surplomb, s'étirait le long du lagon, sur à peu près la moitié de sa circonférence. Des dizaines de touristes du monde entier y étalaient leur graisse avant d'aller la rincer dans l'eau turquoise. Qu'importe la promiscuité, l'endroit restait inimaginable, improbable, mythique ! Pendant la journée, le vent s'était un peu levé et la mer légèrement formée. Le capitaine rappela ses passagers disséminés autour du site et il lança son bolide à l'assaut des vagues comme si de rien n'était. Sa manette des gaz ne devait avoir que deux positions : lente ou rapide. L'embarcation s'envolait plus souvent qu'elle naviguait et les occupants décollaient avec elle. Seules les réceptions étaient délicates. Les fessiers de Linda se souviendraient longtemps de la chevauchée fantastique qu'interpréta le jeune Thaï. Cette nuit-là, elle dormit sur le ventre.

Le lendemain et les jours suivants, elle traita ses meurtrissures par des bains assidus dans la mer d'Andaman en face de l'hôtel. Hugo participait de temps à autre à ces trempettes médicinales quand il ne restait pas sous son parasol pour profiter du Wi-Fi de l'établissement, qui parvenait jusque là. Il dialoguait ainsi avec ses hommes jusqu'à épuisement des batteries. Il se rabattait alors sur le seul roman, écrit en français, qu'il avait découvert dans la bibliothèque de l'hôtel : le « Da Vinci Code ».

Le soir, ils ne sortaient pas et paressaient longuement dans les salons ou bien allaient danser, près du bar, quand l'équipe d'animation avait invité un orchestre. Une fois seulement, ils décidèrent de se rendre à une représentation en harmonie avec l'ambiance qui régnait dans ce lieu de perdition. C'est du moins comme cela que les âmes bien-pensantes considéraient cette partie de la Thaïlande. Un taxi les amena à l'Aphrodite, un théâtre du centre-ville. Le spectacle se nommait « Le Cabaret Show ». De charmantes ouvreuses les firent prendre place dans des sièges en velours rouge très confortables, au troisième rang d'une salle qui en contenait beaucoup. Pendant deux heures, une vingtaine de jeunes femmes, dans des tenues thaïlandaises très succinctes, exécutèrent des danses érotiques, dans un décor somptueux, au son de mélodies asiatiques.

— Cela t'a plu ? demanda Hugo en sortant.

— Ce n'est pas mal. C'est une revue parisienne remaniée à la sauce thaïe ! Très curieux ! Très épicé parfois !

— Les filles étaient vraiment très belles !

— Là, je te reconnais bien, dès qu'il y a un cul, tes yeux vont se poser dessus ! Comme les mouches sur la viande fraîche !

— Sauf que...

— Que quoi, dis le contraire, personne ne te croira !

— Sauf que...

— Ne raconte pas l'inverse, tu avais des regards lubriques. Tu t'en défends, mais c'est encore pour me contrarier !

— Sauf qu'il n'y avait pas de femmes, tous les acteurs étaient masculins.

— Des travestis ! Mais tu te rends compte où tu m'entraînes ! Je ne sors plus avec toi ! Si j'avais voulu voir des hommes, je ne serais pas allée assister à un spectacle comme celui-ci.

Au fil des jours, les relations entre Hugo et Linda devinrent moins conflictuelles. La tolérance prenait le pas sur l'agressivité et leur vie s'installait dans une routine qui, si elle ne s'appelait pas bonheur, y ressemblait fortement. Un matin pourtant, alors qu'ils savouraient leur petit-déjeuner sur une terrasse de l'hôtel abritée par une tonnelle de bougainvilliers, Hugo posa, sans vraiment le faire exprès, la question qui fâche :

— Quel jour sommes-nous, aujourd'hui ? Les jours passent et je ne sais vraiment plus où j'en suis. J'ai l'impression que nous sommes là depuis plus d'un mois. Ce doit être ce que l'on appelle le dépaysement.

— Nous sommes le quatorze mai, c'est l'Ascension. Ici ils ne connaissent pas vraiment. Ils ont le sexe pour toute religion !

— Notre séjour touche bientôt à sa fin. Le gouvernement français, dans sa grande générosité, ne va tout de même pas nous payer des vacances éternelles au soleil, tu ne penses pas ?

— Je croyais que tu aurais attendu encore un peu avant d'évoquer cette pénible perspective. On est si bien ici ! Je serais bien restée un peu plus longtemps. On ne reviendra pas de si tôt.

— D'accord, mais on fixe une date limite.

— Pas folichon comme décision à prendre !

— La fin du mois, cela te convient-il ? J'ai quelques RTT à rattraper. Je vais en informer la préfecture.

— Tu es un amour, pour le coup qu'on pourrait bien se repayer l'Aphrodite et pourquoi pas les îles Phi Phi !

— Pourquoi pas ? Mais cette fois-ci, nous porterons des bouées, non pas pour nager, mais pour améliorer le moelleux de nos sièges.

Le lendemain, alors qu'il regardait sa compagne s'ébattre voluptueusement dans l'eau claire, il imagina qu'un jour, quand la police ne voudrait plus de lui, il pourrait lui proposer de vivre dans un de ces petits paradis. Sûrement pas Phuket, parce qu'on ne peut pas toujours fermer hypocritement les yeux sur une économie basée sur le proxénétisme. Il devait bien exister, dans le monde, un endroit où l'air et la mer seraient agréables, les gens aussi aimables et joyeux et où ils s'exprimeraient dans la langue de Molière. Tout un programme, une utopie, peut-être...

Troisième partie

Retour perdant

Le fils de Machiavel

Le Procureur Général Trochu congédia son greffier, le très sérieux Alphonse Dax, en l'envoyant faire des recherches aux archives du Palais afin d'établir une partie de la généalogie d'un certain Thierry Lamotte. Celui-ci devait être présenté aux jurés des assises, dès la rentrée, pour pédophilie à l'encontre d'un jeune adolescent, huit ans plus tôt.

Il appela le juge Andouard et lui demanda de passer le voir dans son bureau sans tarder. Ce dernier fit diligence et frappa presque aussitôt à la porte.

– Entrez ! cria le procureur pour se faire entendre à travers la paroi insonorisée.

– Bonjour, Monsieur le Procureur. Alphonse est-il malade ?

– Non, il joue les rats de bibliothèque pour une affaire en cours. Alors, où en êtes-vous avec l'assassinat de mon collègue et ami Jean de la Porte ?

– Nous venons de relâcher Ahmed Béchir comme nous l'avait demandé son avocat et comme vous me l'aviez suggéré.

– Cela s'est bien passé ?

– Dans l'ensemble oui, sauf qu'il a été importuné par le commissaire Lagardère, devant chez lui.

– Encore ! C'est une teigne celui-là ! Il ne peut pas s'occuper de faire ses valises ?

– Il part mercredi, ce n'est pas trop tôt ! sur un vol d'Air France/KLM, avec Madame.

– Son « ex » voulez-vous dire ?

– C'est cela !

– Vous allez pouvoir classer l'affaire dès que vous recevrez la preuve que c'est bien Abdel Béchir le meurtrier de mon regretté collègue. Pour ce fouinard de Lagardère, ce sera un jeu d'enfant de le confondre et nous le ferons extrader.

– Je crois qu'en effet, il est plus flic que fin limier.

– Un soldat, c'est un soldat qui n'est heureux que sur le front. Eh bien ! Je vous remercie Andouard et tenez-moi au courant si vous avez d'autres éléments sur l'enquête que vous menez. Pour être honnête, je le concède, vous le faites de main de maître !

Quand le juge fut parti, Trochu sortit son portable et appela un certain Lambert :

– Allô, Jean-Denis, je peux te parler ?

– Oui, je suis seul dans mon magasin. Les clients ne se pressent pas pour acheter des sex-toys pendant la journée, mis à part quelques femmes désœuvrées.

– Serais-tu libre durant quelques jours à partir de mercredi prochain ?

– Pourquoi pas ! J'ai justement une vendeuse qui rentre de congés. Tu as une proposition

malhonnête ?
— Des alevins à peine éclos, mais déjà autonomes, tu imagines le tableau ? Ça t'intéresse ?
— Cela dépend où et comment. Je ne suis pas du genre à me retrouver en délicatesse.
— Mais non, c'est en Asie du Sud-Est, là-bas c'est une tradition, presque une offense que de refuser.
— Si tu le dis. On se voit ce soir, comme d'habitude ?
— D'accord, je t'organise le séjour, comme pour moi : vol en première classe, hôtel quatre étoiles et toutes les distractions. Tu m'en donneras des nouvelles ! À tout à l'heure, chez James, devant un scotch.

Il raccrocha très vite quand il entendit Dax, son greffier, pousser la porte du bureau.
— Alors, mon cher Alphonse, qu'avez-vous trouvé d'intéressant au sujet de notre prévenu ?
— Que sa mère était dentiste et son père médecin. Des grands-parents notables dans la banlieue bordelaise. Tous des gens sans histoire.
— Mais nous savions déjà tout cela, répondit le magistrat un peu agacé, abrégez Dax, abrégez !
— Des études au Lycée Montaigne, pas brillantes, mais honnêtes. Prépa cagne et puis, certainement influencé par le prêtre référent, il entre au séminaire. Il en sortira quatre ans plus tard, prononcera ses vœux à Rome, devant le Pape, et exercera son sacerdoce comme curé de Villandraut. C'est là...
— Qu'il abusera de Lucien après qu'il soit venu se confesser et qu'ils se soient retrouvés tous deux seuls dans l'église. L'acte odieux se serait déroulé, selon le garçon, juste derrière l'autel.

– Quel blasphème ! Quel outrage à la religion ! Quelles atteintes aux mœurs !

– Alphonse, n'en rajoutez pas trop ! L'inquisition n'a plus cours et il devra se contenter de la justice des hommes. Il fera appel à Dieu par la suite, si bon lui semble.

Le greffier s'isola sur son bureau et se plongea dans la rédaction du récapitulatif du pedigree de Thierry Lamotte. Pendant ce temps, Trochu organisa, sur le net, le voyage érotique de son copain Jean-Denis Lambert. Il s'arrangerait ensuite pour faire confirmer les réservations par l'intéressé. Il était certain que le prix du séjour lui importait peu et que le règlement ne serait qu'une formalité. L'homme était très aisé et sa boutique n'était en réalité qu'une distraction, une façon pour lui de satisfaire ses instincts de voyeur invétéré.

Lorsqu'il eut imprimé les différents documents, il sortit de son bureau pour aller Place de la Victoire, afin de savourer une Heineken au « Café Auguste ». Il fallait que quelqu'un accueille son ami à la descente d'avion à Kuala Lumpur et le plus disponible et le plus discret et qualifié pour ce genre de rendez-vous n'était-il pas Abdel ? Il l'appela sur son téléphone personnel :

– Allô, écoute bien ! Je t'envoie un client français pour ce que tu sais. Tu l'attendras à l'aéroport à six heures du matin, jeudi prochain !

– Entendu, Mons...

– Il portera un nœud papillon vert. Compris ?

– D'accord Mons...

Trochu avait raccroché très vite. Béchir ne se souvenait pas qu'il ne devait jamais prononcer son nom ni le mot de « Procureur ».

Sa bière terminée, il en recommanda aussitôt une

nouvelle. Il l'avait bien méritée. En quelques heures, il avait échafaudé un plan que Machiavel, s'il avait vécu aujourd'hui, n'aurait pas renié. Restait seulement à en peaufiner les détails. Il avala son verre d'un trait et reprit le chemin Palais de Justice.

Il avait retrouvé, il y a quelques mois, sur le site « Copains d'avant », un ancien de la faculté de droit, un certain Bernard Bécot, avec lequel il avait, en compagnie de Jean de la Porte, jadis fait tourner les tables. Après la licence, il était parti à Strasbourg pour faire Sciences Po et ils s'étaient perdus de vue jusqu'à ce qu'il consulte ce site. B.B., comme le surnommaient ses camarades à l'époque, était Ambassadeur de France à Kuala Lumpur. Trochu l'avait appelé et ils avaient évoqué le bon temps des études. Puis Bécot lui avait parlé de la Malaisie, de la beauté des paysages, des mœurs et des opportunités que les entreprises françaises pouvaient saisir dans ce pays en plein boum économique. Quand il avait fallu éloigner Abdel, il avait tout naturellement pensé à la Malaisie. Il était temps maintenant de mettre son ancienne connaissance à contribution et un mail y suffirait :

« Mon cher Bernard,

« Un de mes amis, le commissaire Lagardère, part mercredi « seize avril en mission à Kuala Lumpur afin de contacter un « suspect dans l'assassinat d'un confrère dont tu te souviens « sûrement, Jean de la Porte. Aurais-tu l'amabilité d'envoyer un « fonctionnaire de l'Ambassade pour l'accueillir jeudi, à « l'aéroport, à six heures du matin chez toi.

« Je ne manquerai pas de te rendre visite à Kuala Lumpur, dès « que j'en aurai l'opportunité.

« Meilleurs souvenirs

« Charles »

Le piège était tendu, il n'y avait plus qu'à patienter et la patience était un de ses points forts. Il interpella son greffier :

– Dax, vous avez le procès-verbal concernant la plainte du petit Bertin ? J'aimerais bien l'éplucher.

– Oui, Monsieur le Procureur Général, répondit Alphonse en se précipitant auprès de son patron. Le P.V. avait été enregistré à la gendarmerie de Villandraut le 21 juin 2013 par Lucien Bertin, le jour de ses dix-huit ans. Il expliquait alors à l'Officier de police judiciaire qu'il ne l'avait pas fait plus tôt parce qu'il avait eu peur de la réaction de ses parents. Il avait donc attendu d'être majeur.

Le jour de « l'acte », il avait parlé, à sa mère, d'une aventure qu'il avait eue avec une copine. Outrée, elle l'avait envoyé se confesser auprès du Père Lamotte. Il avait raconté au prêtre comment il avait caressé Sylvie sa petite amie et qu'il avait exploré sa culotte. Elle en avait fait autant et elle avait même posé ses lèvres. Il disait que le curé avait affirmé qu'il devait expier par où il avait péché et il l'avait attiré derrière l'autel.

Il décrivait ensuite dans le détail tous les gestes et actes déplacés qu'il avait dû endurer au nom du châtiment divin. Le profond traumatisme qu'il avait subi expliquait sans nul doute les quelques malversations dont il avait été l'auteur par la suite.

Trochu imaginait déjà l'accusation qu'il allait pouvoir argumenter aux assises à l'encontre de ce prêtre pédophile. Il ne manquerait pas de stigmatiser cette particularité des hommes d'Église de s'intéresser aux enfants et parfois de succomber à l'attrait du sexe juvénile. Heureusement pour le Père Thierry Lamotte que la peine de mort fut abolie, sinon, il l'eut requise.

Il souriait encore de ses fantasmes quand Marie-Françoise

l'appela au téléphone :

- Charles, mon ami, je vous prie de ne pas rentrer après dix-neuf heures, car j'ai un tournoi de bridge à vingt-et-une heures.
- C'est parfait. Je reviendrai au Palais après le dîner pour terminer l'examen de plusieurs dossiers.
- Eh bien ! Je vous attends.

Triste retour

Le retour de Phuket fut long et pénible. Ils durent revenir à Kuala Lumpur pour récupérer, vingt-quatre heures plus tard, un avion d'Air-France/KLM pour Charles-de-Gaulle, changer d'aéroport, et pour achever le voyage, embarquer dans la navette pour Bordeaux-Mérignac. Linda regretta un moment de ne pas avoir fait le trajet à la nage. Un taxi les laissa enfin devant son immeuble et tous les deux se jetèrent sur le lit sans même défaire les valises.

Le lendemain matin, deux juin, Lagardère reprit le chemin du commissariat sans repasser par son appartement. Il ne reconnut pas l'agent qui surveillait en l'accès et pensa que Gérard, à qui ce poste était généralement dévolu, était malade ou en congé. Il salua d'un petit geste amical Annie et Sylvia qui s'occupaient de l'accueil et gagna directement le fond du couloir où se trouvait son bureau. Il comprit tout de suite en entrant qu'en son absence, il s'était passé quelque chose d'anormal. Sur sa table de travail, qu'il avait débarrassée en partant de toute la paperasse qui d'ordinaire l'encombrait, il y avait maintenant plusieurs dossiers. La lampe avait été déplacée et une parure en cuir noir ornait l'endroit qu'il affectionnait le plus pour rédiger ses notes. La photo de son fils, avec son cadre doré qu'il aimait tant, avait disparu. Même celle du président avait changé de mur. Soudain un homme d'une quarantaine d'années, grand, le teint légèrement basané, des cheveux rares sur le haut du crane et portant une moustache à la Clark Gable fit son entrée :

- Vous êtes qui, vous ? demanda-t-il brutalement.
- Commissaire Lagardère, et vous ?
- Ah ! c'est vous le vacancier thaïlandais ? On m'a beaucoup parlé de vous ! Commissaire Frank Dutronc, enchanté, dit-il en avançant la main pour saluer Hugo.
- Que faites-vous là ? répondit Lagardère en ignorant le geste de l'intrus.
- Ah ! Je vois, vous n'avez pas reçu votre lettre de promotion ? Pourtant, le Préfet en personne m'a affirmé vous l'avoir envoyée. Ce n'est pas à moi de vous l'apprendre, mais je vais le faire tout de même. Vous êtes dorénavant commissaire hors cadre.
- Et donc vous avez pris ma place.
- On m'a nommé à ce poste. Je vous félicite, vos hommes vous adoraient. Par contre, question discipline, j'ai du mal à remettre un peu d'ordre. Tout le monde fait tout et n'importe quoi ici.
- Ma voiture ?
- Une vraie poubelle que j'ai récupérée. Je crois que je vais carrément demander sa réforme.
- Sachez quand même que la poubelle, comme vous dites, je me la suis farcie pendant dix ans et le déchet qui était dedans vous emmerde !

Lagardère sortit dans la rue et décida d'aller passer sa colère chez le Chinois. La petite salle du restaurant était vide. Les hommes de Dutronc n'avaient probablement pas le droit de venir boire un coup pendant le service. Le moral des troupes devait être dans les chaussettes.

Il commanda un grand café.

Être viré comme cela après plus de vingt ans de galère,

toujours sur la brèche, souvent au contact de la pègre, des tricheurs endimanchés, des malades mentaux et des fadas du slip. Charrier les ivrognes et débusquer les pédophiles, il n'y avait pas de limites à ses prérogatives. Et puis, brutalement : exclu pour avoir déplu aux princes ou bien pour avoir piétiné leurs plates-bandes, allez savoir !

Pour une fois, le café n'avait plus le pouvoir d'assagir sa colère comme c'était en général le cas. Au contraire, plus il réfléchissait, plus il en voulait au monde entier. Il avait failli rendre l'âme à Kuala Lumpur sous les coups d'Abdel et sans doute ne se serait-il jamais rétabli, si Linda n'avait pas été là pour le ramasser dans le caniveau. La récompense pour ce dévouement pour lequel il avait frôlé la mort : une mise au placard, pompeusement qualifiée de « hors cadre ». S'ils l'avaient placé là, c'est qu'il ne devait plus y entrer dans « leur » cadre !

Son café terminé, il restait hagard, la tête entre les mains à ruminer sa rancœur quand soudain la porte du restaurant s'ouvrit laissant apparaître, en contre-jour, une silhouette familière. C'était Gilbert qui arrivait à sa rescousse. Il avait bravé le courroux de son patron pour venir lui remonter un peu le moral. Les deux hommes tombèrent dans les bras l'un de l'autre. Plus question de grade, il n'y avait plus que deux amis que l'administration ne parviendrait pas à séparer. Pour la première fois, Cazeneuve se permit de tutoyer celui qui toujours avait été pour lui un modèle :

— Hugo, parle-moi de tes vacances. C'est beau ?
— C'est magnifique. Seulement, si on devait arrêter tous les pervers qui viennent là pour vivre leur sexualité débridée, il n'y aurait plus personne. On n'a pas croisé de zoophiles, mais on n'a pas beaucoup cherché.

– Tu m'as dit par e-mail qu'Abdel était mort...
– Je n'ai pas vu son corps, car je ne valais guère mieux que lui. Linda était présente quand il a pris une balle en pleine tête.
– Ce n'était pas un enfant de chœur, mais c'est quand même étonnant de faire autant de kilomètres pour finalement se faire descendre si vite !
– Je me suis aussi posé la question. Il est parti au moment où il avait pratiquement toutes les cartes en main. Il m'avait capturé et donné en pâture aux islamistes malaisiens. Il avait certainement retrouvé un nouveau job d'entremetteur et il n'avait pas grand-chose à redouter de la police française. Il était au paradis et voilà qu'apparaissent des Indiens qui le tuent.
– Bizarre en effet ! C'est comme l'assassinat de son frangin. Quand nous l'avions taquiné devant chez lui, il avait repris du poil de la bête. Il ne nous craignait plus.
– Tu crois ?
– Enfin moins, puisqu'il s'est plaint au juge que nous « l'avions ennuyé », ce sont ses propres termes.
– Quand je suis parti, qu'as-tu fait ?
– Comme tu me l'avais dit, j'ai surveillé « L'Antre du Corsaire ». Au début, j'allais consulter la vidéo et bizarrement un jour la caméra est tombée en panne. Alors je me suis résolu à planquer dans le coin. Un soir, j'ai vu sortir le député de Carbonas en compagnie d'un autre gars et je les ai suivis. Ils se sont rendus dans une boîte de Léognan que je ne connaissais pas. Moi, les mecs, c'est pas trop mon truc.

– Oui, je sais, tu n'avais pas apprécié mes caresses lors de notre petite visite à « L'Antre du Corsaire ».

– Je me suis garé dans le parking et presque aussitôt une voiture, une grosse cylindrée, est venue s'arrêter derrière moi pour m'empêcher de partir. J'ai aperçu le chauffeur quand il a entrouvert sa porte, il était prêt à intervenir. C'était un homme au crâne rasé et portant une barbe de huit jours.

– Il t'a agressé ?

– J'avais saisi mon arme et ça l'a calmé quand il l'a vue. Il a fait marche arrière, sans doute avait-il flairé le flic. C'est un autre qui s'est approché : le député qui était dans le véhicule voisin.

– Une grande gueule que celui-là !

– Il a commencé par sortir sa carte et m'a interrogé sur ma filature. J'ai bredouillé quelque chose, je ne me souviens pas exactement des mots que j'ai employés. Question après question, j'ai fini par lui avouer que tu m'avais dit, avant de partir, de surveiller les habitués de « L'Antre du Corsaire » dans le cadre de l'assassinat du procureur Jean de la Porte.

– Et qu'a-t-il répondu ?

– Il était furax. Il a juré que ça ne se passerait pas comme cela, qu'il connaissait beaucoup de monde, et cetera. Je suis rentré finalement chez moi. Le lendemain matin, quand j'ai vu débarquer le commissaire Dutronc j'ai pensé qu'effectivement il avait le bras long et que j'étais responsable de ton éviction.

– Tu ne crois pas que j'étais déjà condamné lorsqu'on m'a remis mon billet pour Kuala

Lumpur ?

— Oui, en effet, les crabes sont sortis du panier !

— Et le poisson Jean de la Porte était trop gros pour moi. Mais je n'ai pas dit mon dernier mot !

— Si tu as besoin de renseignements ou même d'un coup de main, toute l'équipe sera derrière toi, j'en suis convaincu.

— Merci, ça me fait chaud au cœur. Tu confieras aux autres que je ne les oublierai jamais. J'arrête avant de verser une larme. Il faut que je rentre chez moi. L'imbécile que je suis avait d'abord pensé au boulot. Je me suis sans doute trompé de siècle, aujourd'hui les gens ne sont que des pions que l'on range dans un casier lorsqu'ils sont tombés de l'échiquier de la vie.

— C'est beau ce que tu viens de dire là !

— Non, c'est triste.

Dans sa boîte aux lettres, Hugo trouva, parmi de nombreuses publicités, ce qu'il devinait : l'avis de passage du facteur concernant un pli en « recommandé avec accusé de réception ». Muni du sésame, il partit retirer le message à la poste. Dans un langage très administratif, le Préfet lui annonçait l'heureuse nouvelle de sa promotion. Il était prié de se rapprocher de sa secrétaire personnelle, Madame Julie Fostin, qui était chargée de lui expliquer ce qu'on attendait dorénavant de lui.

Il se présenta devant elle en fin de matinée. C'était une femme d'une cinquantaine d'années. Elle lui rappela un mouton qui serait tombé dans un bac de teinture bleue et se serait fait sécher trop près du barbecue. D'immenses lunettes cachaient en partie l'ingratitude des traits de son visage. Ce n'était pas, à proprement parler l'image que l'on se fait d'ordinaire de la secrétaire du patron. Sans doute n'avait-il pas pu la classer, administrativement parlant, ni hors cadre ni hors d'âge. Après quelques instants, elle daigna relever la tête pour le dévisager et plus encore. Hugo eut, pendant une fraction de seconde, l'impression désagréable d'être nu face à elle.

– Monsieur Lagardère, c'est cela ?

– Commissaire Lagardère.

– Mais votre nom, c'est bien Lagardère non ?

L'entretien démarrait sur les chapeaux de roue et Hugo détestait ce genre de fonctionnaire qui se prenait pour le calife en l'absence de celui-ci.

– Monsieur le Préfet m'a chargée de vous transmettre ses félicitations pour votre promotion exceptionnelle.

« Je n'en ai rien à foutre », pensa-t-il sans se décider à l'interrompre. Elle poursuivit :

– Vous constaterez que votre carrière a progressé de plusieurs échelons et que votre rémunération suivra rapidement. Le Ministère de l'Intérieur ne s'est pas encore prononcé en ce qui concerne votre nouvelle affectation, mais ce sera sans doute au niveau de l'État-Major de la Police Nationale. Vous serez informé en temps et en heure.

– En attendant ?

– J'y viens ! Ne soyez pas impatient comme cela, Monsieur Lagardère !

– Commissaire.

– Ni insolent, s'il vous plaît !

– Commissaire tout de même.

– Je continue : vous êtes dès aujourd'hui « sans affectation ». Cependant, Monsieur le Préfet vous a donné une mission qu'il considère comme de la plus haute importance. La voici.

La secrétaire lui tendit un document de deux pages signé du représentant de l'État. Hugo allait le parcourir quand elle poursuivit son propos :

- Votre travail consistera à établir un rapport circonstancié sur « La délinquance urbaine dans l'agglomération bordelaise, sa réalité, son évolution et les moyens à mettre en œuvre pour y remédier ».
- Tout un programme. Je rédige dans quel endroit ?
- Monsieur le Préfet n'a pas précisé... chez vous, je suppose ! Nous n'avons pas de locaux disponibles, vous savez. Nous sommes déjà les uns sur les autres.

Hugo lança ostensiblement un regard circulaire sur le vaste bureau dans lequel ils étaient.

- Ne soyez pas insolent, s'il vous plaît, Monsieur Lagardère !
- Commissaire.
- Bon, je crois que je n'ai plus rien à vous dire. Au revoir, Monsieur Lagardère !
- Commissaire.

Hugo sortit de la préfecture, traumatisé par Tatie Danielle et le contenu de sa mission. Il n'avait qu'une hâte : aller confier son désarroi à Linda. Auparavant, il avait décidé d'acheter un véhicule pour compenser l'offense que lui avait faite l'administration en lui confisquant son automobile, même si certains n'y voyaient là qu'une poubelle.

Il se préparait à héler un taxi quand un Toyota Rav4 stoppa à sa hauteur. Il reconnut tout de suite Lalanne, son copain journaliste.

- Salut, Jean-Pierre, si je m'attendais !
- Monte Hugo, je peux t'emmener quelque part ?

- Tu es content de ta bagnole ?
- Oui ! Je voulais une voiture solide. J'ai opté pour cette occasion.
- Conduis-moi chez le concessionnaire Toyota. J'ai besoin d'une auto. L'administration m'a piqué la mienne comme elle m'a démis de mon boulot. Je t'avouerais qu'ils m'ont jeté à la rue.
- Pour quel motif ?
- J'ai dû mettre mon nez où il ne fallait pas, alors ils m'ont rangé dans un placard.
- Si je peux faire quelque chose pour toi ?
- Oui, probablement, répondit Lagardère en réfléchissant. Pourrais-je avoir accès aux archives de ton canard ?
- Sans doute. On va s'arrêter dans un troquet... tiens, il y en a un tout près et j'ai même une place pour me garer, c'est parfait.

Les deux amis déjeunèrent ensemble et quand Hugo quitta Lalanne devant le concessionnaire automobile, il avait, sur une carte de visite, les codes d'accès aux archives de Sud-Ouest.

Il entra dans un vaste hall dans lequel étaient exposées les plus belles stars de la marque. Très vite un vendeur se proposa de l'aider à chercher le véhicule qui lui serait le plus indispensable. Comme il n'était ni réceptif aux derniers gadgets à la mode ni aux performances du moteur, il choisit un modèle qui serait plus enclin à plaire à sa femme. Il espérait qu'elle serait sensible à cette attention, mais rien n'était moins sûr. Peut-être eut-il dû acquérir une Fiat 500 ou une Mini Cooper, mais il ne se voyait pas conduire un pot de yaourt qu'on aurait oublié de remplir.

Magistrat avant tout

Pendant le dîner, Marie-Françoise manifesta une nervosité toute particulière. L'enjeu du tournoi de ce soir devait être d'importance. Elle amenait les plats plus vite qu'elle et son mari ne pouvaient les ingérer. À huit heures trente, n'en pouvant plus face à la lenteur de son conjoint, elle déclara :

— Charles, je vous quitte, je vous laisse lever la table, je n'ai pas le temps. La compétition est qualificative pour le Championnat de France senior.

— Bonne chance ma Chère. Je termine et je retourne au travail.

Le procureur n'en demandait pas tant. Il ramassa rapidement les couverts et s'installa devant la télévision. Vers vingt-deux heures, il enfila un pardessus trois quarts et coiffa ses rares cheveux blancs d'un chapeau en feutre agrémenté d'une petite plume de faisan ou de perdreau, il ne savait pas trop.

Il gara sa voiture quai Richelieu et poursuivit sa route à pied. Arrivé dans la rue du Quai Bourgeois, il remonta le col de son manteau et chemina sur le trottoir, du côté le plus sombre de la voie, jusqu'à la porte de « L'Antre du Corsaire ». Quand on est procureur général, la discrétion pour se rendre dans ce genre d'endroit est la règle. Un homme, mal rasé et le crâne glabre lui ouvrit la porte.

— Monsieur Charles veut-il bien me confier son vêtement ?

— Prenez, Arthur, répondit le magistrat en lui présentant son dos. James est-il là ?

— Oui, Monsieur, il est sur un canapé dans le fond de la salle en compagnie de Claude-Samuel, un petit jeune qu'il teste avant de l'embaucher comme hôte d'accueil pour le club.

— Bonne idée, cela va doper tous ceux qui sombraient dans la routine et la morosité. Un peu de sang neuf n'a jamais fait de mal dans une communauté !

Trochu s'avança lentement, se faufilant entre les danseurs qui se frottaient les uns aux autres en se caressant mutuellement les pectoraux, pour les plus soft. Il pensa que l'ambiance était déjà chaude et la soirée ne faisait que commencer. Il aperçut, accoudé au bar, son ami Lambert.

— Mon cher Jean-Denis, comment va ?

— Très bien, je t'attendais.

— Tiens, je t'ai apporté les documents que je t'ai promis. Un certain Abdel doit te contacter à l'aéroport de Kuala Lumpur. Tu as les horaires, tout est indiqué sur les papiers. Il te suffit de te connecter sur le site, de valider et de régler.

— Oui, c'est bien beau tout ça, mais comment je le trouve ton mec ?

— Tu devras porter un nœud papillon vert.

— Je ne vais pas avoir l'air con avec ça sur le cou !

— C'est pour mieux qu'il te repère. Avec ça il ne risque pas d'y avoir de confusion.

Ils burent un verre ensemble et Jean-Denis s'éloigna pour s'ébattre avec une connaissance sur un canapé du fond de la salle. Resté seul, Trochu chercha des yeux le patron de la boîte.

James Virassamy était bien là, très reconnaissable avec sa

chevelure rousse crantée et les taches brunes qui couvraient son visage et son cou. Il avait l'air tellement occupé avec le frêle jeune homme candidat à l'embauche, que le procureur demeura près du bar à quatre ou cinq mètres d'eux, en attendant le moment propice pour l'aborder. L'éphèbe, la chemise largement dégrafée, laissait le rouquin explorer son torse sans pour autant rester inactif. Il saisissait goulûment les lèvres de son partenaire ravissant ainsi les spectateurs qui commençaient à s'approcher. Soudain, James le repoussa sans faire de manières et déclara tout net :

– C'est bon, les gars, il est à vous, mais ne le cassez pas le premier soir sinon je vous priverai de votre nouveau jouet.

Puis il aperçut Trochu et lui fit signe de venir s'asseoir à sa table :

– Justement, Charles, il fallait que je te voie.

– Cela tombe bien, moi aussi !

– Yvon, mon chéri, sers-nous deux triples whiskys, cria-t-il au barman.

– Oui, mon amour, répliqua aussitôt l'employé.

– Je voulais t'entretenir au sujet de l'assassinat de mon confrère Jean de la Porte. Le commissaire Lagardère doit s'envoler pour Kuala Lumpur afin de coincer Abdel Béchir. Ce dernier était allé voir son frère dans sa loge, le soir du meurtre, et peut-être a-t-il aperçu quelque chose ou quelqu'un à ce moment-là.

– Ennuyeux en effet.

– J'ai pensé que tu pourrais avoir des relations avec la diaspora de tes ancêtres.

– Exact, du côté de mon père je fais partie d'une caste sikhe influente. Notre peuple a des ramifications dans tout le Sud-Est asiatique.

— Alors serais-tu à même de trouver une solution à cette épée de Damoclès imprévue ?

— Je vais y réfléchir. Comment me dis-tu qu'il s'appelle ton bonhomme ?

— Abdel Béchir. Il est descendu à l'Hôtel Furama Bintang à Kuala Lumpur.

James avait sorti un calepin de la poche de son pantalon et avait noté le renseignement. Il ajouta :

— Moi, je voulais te parler de mon neveu du côté de ma femme. Il se nomme Andrew Taylor. Tu te souviens, il a été condamné à vingt ans incompressibles pour la mort accidentelle d'une de nos petites protégées. Celle-ci râlait à cause de ses conditions de travail. Elle disait que sa portion de trottoir sentait les égouts et que les clients se plaignaient de l'odeur qui, à force de rester à cet endroit, imprégnait sa peau. L'un d'eux l'avait même surnommée « fleur d'égout » et cela l'avait profondément vexée.

— Ton protégé avait tout de même sorti un Smith§ Wesson 686 et avait tiré à plusieurs reprises... si ma mémoire est bonne.

— Je sais, c'est un sanguin le petit. Combien de fois lui ai-je conseillé de réfléchir avant d'agir. C'est un impulsif, tu comprends...

— Qui est son avocat ?

— Attends, je ne m'en souviens plus ! Si, ça me revient maintenant, il est d'origine indienne, comme moi, mais sa famille vit aux Antilles : Ramsamy, André Ramsamy, c'est cela. Rien qu'avec le fric que je lui balance, il pourra partir à la retraite avant d'avoir quarante ans.

- Fais appel et change. Demande à Hubert Prat. Il est d'un abord un peu froid, mais c'est un teigneux. Il défend bec et ongles ses clients, surtout lorsqu'ils sont injustement inculpés, comme ton neveu.
- Et toi, pourrais-tu... ?
- Bien sûr, je m'arrangerai pour jouer les vilains accusateurs. En appel c'est plus facile de laisser les circonstances atténuantes apparaître au grand jour.
- Tu sais bien que tu ne le regretteras pas. Veux-tu un avant-goût. J'ai capté ton regard envieux quand je testais le petit nouveau.
- Non, c'est trop !
- Mais si, dit-il en sollicitant le minet. Vous pouvez prendre la cabine deux, au premier étage... s'il n'y a pas des resquilleurs qui l'occupent impunément ! Si c'est le cas, fais-moi signe, je ferai le ménage, même s'ils sont à poil.

Trochu ne discuta pas plus longtemps. Il précéda son partenaire de plus de quarante ans son cadet. Son parfum le dérangea, mais les plaisirs de la chair lui firent bien vite oublier les effluves incommodants. Le petit était doué et il épuisa sans tarder l'énergie du magistrat qui jeta l'éponge assez rapidement. Sa mission effectuée, Claude-Samuel quitta le sexagénaire le laissant pantelant sur le cuir de la couche, face à son image qui se reflétait dans le miroir installé au plafond. Il chercha quelques instants des excuses à son ventre rebondi et à ses cuisses décharnées et n'en trouva pas. De toutes les façons, il était trop tard pour penser à remodeler un peu tout ça. Quand on n'a pas un corps d'Apollon, un portefeuille bien rempli compense largement le déficit de sex-appeal. Il se rhabilla, corrigea le port de sa cravate et l'orientation des quelques cheveux qui lui restaient et sortit dans le couloir. L'urgence avait sans doute fait que la porte de la cabine voisine était ouverte. Il put constater en passant que son jeune amant avait trouvé un autre partenaire aussi simplement qu'une mouche aurait changé d'âne. Au rez-de-chaussée, James l'attendait pour recueillir ses premières impressions :

— Une bombe sexuelle que ce mec ! lui dit-il, tu vas doubler ta clientèle avec lui. Les gars feront bientôt la queue le long de la rampe d'escalier.

— C'est bon, je lui fais un CDD. Remarque bien que ce n'est pas moi qui en profiterai. On pourrait m'accuser d'abus de bien social alors que je ne suis qu'un occasionnel. Je suis plus gestionnaire que jouisseur.

— Plutôt à voile qu'à vapeur ? Mais on change, tu sais. Marie-Françoise et moi, il y a quelques années, il ne fallait pas nous en promettre.

— Je voulais de demander : tu m'as parlé d'Abdel, mais qu'en est-il de son frangin ?

— Pour Ahmed, c'est un peu pareil à la différence près qu'il est beaucoup plus craintif que son frère et que la menace est peut-être suffisante pour le rendre muet. Il faut y repenser. La prudence vaut parfois mieux que la confiance. Cela demande réflexion...

Trochu ne s'attarda guère dans « L'Antre du Corsaire ». Au fur et à mesure que la soirée s'avançait, l'ambiance tournait à l'exhibitionnisme et il considérait que cette activité était réservée aux plus jeunes, aux inexpérimentés qui se cherchent encore.

Marie-Françoise n'était pas rentrée. En effet il remarqua que la porte de sa chambre était toujours entrouverte, ce qu'elle ne faisait autrefois que lorsqu'il était invité à l'honorer. Il n'y avait aujourd'hui aucune chance que cela se produise ou bien la sénilité s'installant... Il était plus probable que son tournoi se prolongeait ce qui était de bon augure quant au résultat. Elle devait figurer parmi les finalistes.

Il arriva assez tard le lendemain au Palais. Sans doute harassé par ses activités de la veille au soir, il n'avait pas entendu le réveille-matin. Cela l'avait mis d'humeur maussade.

- Dax, sortez-moi le dossier Taylor, s'il vous plaît, demanda-t-il à son greffier.
- Oui, Monsieur le Procureur Général, tout de suite.
- Alors, ça vient ! finit-il par ajouter quelques instants plus tard.
- Mais Monsieur le Procureur, je ne pense pas que nous ayons cette affaire à traiter. Vous avez dû l'attribuer à un de vos substituts.
- Mais, Dax, bien sûr ! Cherchez voyons ! Cherchez !
- Ah ! le voici. Ce sont des poursuites que vous aviez confiées à Monsieur Jean de la Porte, il y a deux ans environ.

Trochu se plongea dans la lecture des éléments essentiels du procès. Il en ressortait que Jean n'avait pas été très tendre avec le protégé de James et les jurés l'avaient suivi dans son réquisitoire. Mauvais traitements, proxénétisme aggravé, assassinat, il s'était défoulé. Quand on connaissait sa verve, ses arguments ne pouvaient que faire mouche. Côté défense, la plaidoirie de Ramsamy n'était pas très convaincante. Il mettait en avant des éléments qui étaient plutôt à charge comme l'enfance heureuse de son client dans une famille anglaise très aisée. Tout cela pour expliquer son besoin d'argent facile et son esprit capricieux.

La lecture des attendus du tribunal et de la sentence laissa Trochu particulièrement perplexe. James en avait certainement pris connaissance et les arguments de Jean de la Porte n'avaient sans doute pas dû lui plaire. Pourtant les deux hommes se côtoyaient, s'appréciaient même. Ils étaient, comment pourrait-on dire ? Commensaux, c'était le terme qu'il cherchait, commensaux. Chacun tirait avantage de l'autre sans qu'il y ait de perdant... du gagnant/gagnant. À plusieurs reprises, Jean était venu le voir pour qu'il lui attribue des dossiers concernant James et il les lui avait octroyés. Des petites faveurs qui se pratiquent entre amis et parfois plus...

De là à ce que la sentence de James à l'égard de Jean de la Porte soit plus sévère que celle que ce dernier avait conseillée aux jurés pour sanctionner le neveu...

Trochu chassa très vite cette idée de son cerveau. Certes, Virassamy n'était pas un enfant de chœur, mais aller jusqu'à assassiner un de ses plus fidèles clients, il y avait un seuil qu'il ne saurait franchir.

Il referma le dossier et resta quelques instants pensif. La soirée d'hier avait été à la hauteur de l'opinion qu'il avait de lui — même. Non seulement il avait organisé l'éviction des frères Béchir, sans se mouiller le moins du monde, mais il en avait tiré de James la quintessence, en se faisant offrir la jeune recrue de la boîte. S'il n'était pas le plus fin stratège de la région, alors, il reniait ses ancêtres. À ce jour, tous les rouages de son plan étaient définis, il n'avait plus qu'à compter les points.

Plus fier qu'Artaban, il sortit de son bureau en négligeant même de saluer le brave Dax. Il décida de s'offrir une bière « pour fêter ça » et prit résolument la direction de la Place de la Victoire. La terrasse du « Café Auguste » était presque vide, les clients ayant préféré se réfugier à l'intérieur pour se mettre à l'abri du crachin qui, depuis le matin, ne cessait de tomber. Il repensa à ce teigneux de commissaire et à l'accueil que ne manquerait pas de lui réserver Abdel. Si loin de la métropole, jamais il ne pourrait deviner être aussi bien reçu. Quant à sa pouffiasse de bonne femme, il l'imaginait se débattant pour rapatrier au mieux un grand blessé, au pire un cadavre. Quelle sentence allait leur appliquer Béchir ? Il n'en savait trop rien, mais elle serait toujours trop clémente à l'encontre de ceux qui avaient osé les espionner à la Caussade alors qu'il avait, avec Marie-Françoise, une conversation tout ce qu'il y a de privée. À leur retour, il ferait preuve, comme d'habitude en de telles circonstances, d'une hypocrisie à toute épreuve, quitte à encenser les immenses qualités du commissaire Hugo Lagardère. Il s'arrangerait même pour se faire inviter aux actualités régionales afin de développer une argumentation allant dans ce sens.

Un instant, il regretta de ne pas s'être lancé dans une carrière politique. L'image de probité qui se dégageait de sa fonction eut été un formidable tremplin pour se présenter devant des électeurs écœurés par la moralité de leurs représentants. Son éloquence eut enflammé les foules aussi bien qu'elle savait influer sur le fléau de la balance dans les prétoires. Bien sûr, il se serait arrangé pour que ses petits travers restent dans l'ombre...

Soupçons d'archives

Lagardère testa l'Urban Cruiser blanche qu'il venait d'acquérir en se rendant au domicile de Linda. La voiture était assez nerveuse et silencieuse. Il était certain qu'elle lui plairait aussi. Quand il arriva chez elle, il sonna en bas de son immeuble et l'attendit sur le seuil de la porte.

> – Tu m'as fait descendre trois étages pour rien, lui reprocha-t-elle. Je suis cassée, je n'ai pas encore récupéré du retour de Phuket.
> – Je voulais te payer l'apéro chez Quinze Côtes. Tu montes dans notre carrosse ?
> – Wouah ! qu'est-ce qu'elle est belle ! Avant il faut que je ferme l'appartement.
> – Donne-moi les clés, je monte pendant que tu feras le tour du propriétaire.

Linda s'installa d'abord au volant qu'elle tenta en vain de mobiliser. Elle prit place ensuite sur chacun des sièges arrière avant de poser son séant derrière la boîte à gants pour attendre son compagnon.

> – Tu as gagné au loto ou bien l'administration en avait marre de te voir dans ta poubelle ?
> – Voilà que tu t'y mets aussi ?
> – Parce que je ne suis pas la seule à constater les évidences ?
> – Cela fait partie d'une des surprises de cette longue, que dis-je, interminable journée.
> – Tu as de la chance parce que la mienne a été des plus monotones. J'ai cherché la plage, mais sans

succès. Il en a été de même pour le soleil et j'ai même dû faire le lit. Je me suis demandé un instant comment on faisait pour vivre dans ces conditions.

— Quand je suis arrivé à la boutique, un mec avait pris ma place et m'a confié que j'étais nommé hors cadre...

— Les salops, ils t'ont viré ? Alors pourquoi t'ai-je sauvé à Kuala Lumpur ? Pour des prunes ? Les salops !

— Peut-être tout simplement parce que c'est moi ?

— Oui, c'est vrai, excuse-moi !

— J'ai d'abord piqué une colère terrible, comme tu viens de le faire, puis je me suis effondré devant un café, avant de laisser Gilbert me consoler.

— Toujours aussi sympa celui-là !

— Après, j'ai rencontré une sorcière, à la préfecture. Elle m'a informé de la chance que j'avais de pouvoir rester chez moi. J'aurais en prime, c'est le cas de le dire, le bonheur d'être beaucoup plus payé qu'en allant risquer ma vie à Kuala Lumpur ou ailleurs.

— L'administration c'est quelque chose tout de même !

— Attends ! Elle m'a demandé de faire un rapport sur la délinquance !

— Comme si tu n'étais pas mieux à la combattre. C'est le monde à l'envers !

— Laisse tomber ! Tiens, prends le volant.

Ils s'installèrent sur la terrasse de la Caussade pour profiter de la lumière qui filtrait encore à travers le feuillage des grands arbres. Quinze Côtes leur offrit un vieux porto dès qu'il apprit la promotion de Lagardère. Ils plaisantèrent quelques instants puis le maître des lieux s'éloigna vers de nouveaux clients qui venaient d'arriver.

– Il est toujours aussi charmant, cet homme, dit Linda en ajoutant aussitôt : avec lui on ne sait jamais si c'est sincère ou commercial.

– Certainement un peu des deux. Il connaît bien son métier.

– À propos du tien, que vas-tu faire maintenant, à part glander ? Je ne te veux pas dans mes pattes toute la journée !

– T'inquiète ! Il faut que je trouve l'alibi du tueur du procureur. À ce jour personne ne l'a établi et surtout pas le juge Andouard.

– Tu m'avais dit qu'il avait classé l'affaire parce que tous les protagonistes étaient morts.

– Il doit considérer que Jean de la Porte avait tellement d'ennemis qu'il avait plein d'assassins à sa disposition et il en a choisi un parmi les plus faciles, à savoir Abdel Béchir.

– Et que veux-tu faire de plus ?

– Je vais étudier la vie du procureur et tenter de trouver le plus motivé de ses adversaires.

Dès le lendemain, Hugo revint dans son appartement pour ne pas être dans « les pattes de sa belle » et surtout pour ne pas qu'elle soit « dans les siennes ». Il l'a retrouverait le soir ou quand il ne supporterait plus l'écran de son ordinateur.

Il reprit, une à une, les affaires dans lesquelles le procureur avait sévi, notant pour chacune d'entre elles les éléments les plus marquants. Il y consacra plusieurs jours. Petit à petit, il cernait davantage le mode opératoire du magistrat.

Dans la matinée du dix-sept juin, lassé de relire le compte rendu d'un procès de janvier 2009 qui jugeait un meurtre conjugal, il fit une pause café. Il regarda sa montre. Il était onze heures dix-neuf. Déclic ou pas, toujours est-il qu'il appela Alexia Sabaté dans son ancien commissariat.

- — Allô ! Alexia, je peux te causer ?
- — Oui Patron, je suis seule dans mon bureau.
- — Patron, c'est maintenant un vain mot. Tu vas bien ?
- — Couci-couça, Monsieur le Commissaire, enfin non, vous nous manquez ! Que puis-je pour vous ?
- — Tu te souviens, sur la vidéo, il y avait le procureur sur un lit avec deux enfants ?
- — Je n'ai pas oublié, un cauchemar !
- — On apercevait, sur la table de nuit, une montre. D'après la fillette, elle appartenait au cameraman.
- — Celui dont on ne sait rien ?
- — C'est cela. Pourrais-tu l'isoler de ce qui l'entoure et demander aux techniciens du labo d'analyser l'image. Le fabricant, l'année de sa sortie, une particularité de cet objet.
- — Oui, Patron. Dès que j'ai un moment, je m'y colle.
- — Ne te mets pas en danger pour moi. Si le commissaire Dutronc apprend que tu fais une recherche pour moi, on ferait équipe pour régler la circulation.
- — Pas de risque !

Le lendemain, Alexia rappelait et annonçait fièrement à Lagardère qu'elle avait confié à un de ses ex, qui travaillait au labo, le soin d'étudier les photos qu'elle avait extraites de la vidéo. Elle venait juste d'avoir les résultats.

- — Il s'agit d'une Rolex Cosmograph Daytona en acier et or jaune dix-huit carats d'une valeur de quinze mille euros environ.
- — Merci infiniment Alexia...

232

– Attendez, Patron, ce n'est pas tout. Elle est gravée au dos. On peut y lire un C stylisé et, ce qui, aux dires de mon copain, est une date de naissance, 1947. Le reste est impossible à décrypter, il y a une lumière qui se reflète sur le métal.

– Merci, Alexia, je te revaudrai ça. Salue discrètement tous tes camarades de ma part. Vous me manquez aussi.

Hugo se remit au travail. De temps à autre, il se replongeait dans ses notes pour essayer de percer les mystères entourant la personnalité du procureur. Il se souvint de ce que lui avait confié Lalanne « Certaines affaires ont été jugées avec une sévérité exemplaire et d'autres avec beaucoup de mansuétude ». Il releva et classa les procès par la gravité des sentences. Il se pencha ensuite sur les caractéristiques des accusés qui semblaient avoir bénéficié des faveurs des jurys.

Début juillet, il avait établi que parmi les malfrats les plus chanceux, plusieurs étaient domiciliés au 17 quai Richelieu. Il décida de s'y rendre. Juste à côté, il y avait un bar, le « Vintage Café ». Il s'assit et commanda une bière au serveur :

– Un demi, s'il vous plaît !

– Effe, Stella ?

– Stella. Dites-moi, la porte-cochère qui se trouve à côté de votre établissement, elle donne chez qui, au juste ?

– Je ne sais si je peux vous renseigner, Monsieur ? C'est du ressort de la vie privée des gens.

– Commissaire Lagardère répondit-il en montrant sa carte.

– C'est une des issues particulières de « L'Antre du Corsaire ». Je ne vais pas vous faire un dessin.

— Je vous remercie. Ce sera tout.

Hugo sirota sa bière pendant plusieurs minutes avant de retourner dans son appartement, assez satisfait de sa petite balade.

Il décida d'opérer la même analyse avec les affaires traitées par le Procureur Général Trochu. Il s'aperçut très vite que celui-ci se réservait les procès concernant des notables ou des personnes connues. Il comprit aussi que c'était lui qui officiait souvent quand l'accusé faisait partie du clan de James Virassamy. Ce n'était cependant pas toujours le cas. Une fois, son neveu, Andrew Taylor, était tombé dans les griffes de Jean de la Porte parce que Trochu, alors souffrant, n'avait pu être présent aux audiences. Était-ce par défi ou par vengeance de ne pas être associé aux affaires de la famille, il était trop tard pour le lui demander, il avait obtenu qu'il soit condamné à la peine maximale.

De la Porte, était, quand il le voulait, d'une férocité sans borne. Ses propos pouvaient s'avérer plus assassins que ceux du véritable meurtrier pendant l'exécution de son crime. Orgueil et suffisance ponctuaient ses provocations. Les avocats en faisaient fréquemment les frais. De là à ce qu'il se soit rendu, le soir de sa mort, à « L'Antre du Corsaire » pour rencontrer James Virassamy, c'était possible. Que ce dernier l'ait accueilli à bras ouverts, par simple hypocrisie, puis l'ait raccompagné chez lui, pourquoi pas ? Il n'y avait peut-être pas besoin d'aller chercher à Kuala Lumpur une main gauche amputée d'une phalange alors qu'elle était peut-être sur place.

Hugo téléphona à Linda :

— Oui Chéri, tu t'ennuies de moi, je suppose ?

— Non, c'est...

— Comment non ? Goujat ! encore un impair de la

sorte et je raccroche !

– Excuse-moi. Je voulais simplement savoir si tu pouvais appeler « L'Antre du Corsaire » à Bordeaux et demander un rendez-vous au patron : James Virassamy.

– C'est à quel sujet ?

– Dis-lui que tu travailles pour un réalisateur de film porno et que tu recrutes des figurantes. C'est un peu son business.

– Je croyais que c'était une boîte gay. Je n'y comprends plus rien à tes histoires. Je suppose qu'il faut que je me cherche le numéro ?

– Exactement !

– Et que je devrais déjà t'avoir donné la réponse ?

– Merci. Je t'en saurais gré.

– Y a intérêt !

Trois minutes plus tard, Linda rappelait pour l'informer que le patron était parti la veille en Angleterre rejoindre son épouse, pour les vacances d'été. Il reviendrait sans doute quelques jours après le vingt juillet, mais n'acceptait pas de rendez-vous.

– Je n'attends plus que les compensations dont tu m'as parlé, ajouta-t-elle, espiègle.

– Eh bien d'accord ! Je t'invite lundi à faire un petit tour dans le Sauternais...

– Le pays des vins que les femmes adorent !

– On visitera quelques châteaux : Yquem, Guiraud, Suduiraut, Sigalas Rabaud...

– Tout cela à consommer, bien sûr, sans modération...

– On fera un détour par Villandraut, c'est tout à côté. Tu connais ?

– Une citadelle, il me semble ?

– Construite par le Pape Clément Cinq au début du quatorzième siècle.

– Tu en sais des choses.

– Aucun mérite, je viens de regarder sur le net. Ce qui m'intéresse c'est une manifestation de soutien qui est programmée, ce matin-là, devant l'entrée du monument.

– Tu te lances dans les bonnes œuvres maintenant ?

– Non. Les gens du village se mobilisent pour la défense de leur curé qui est incarcéré préventivement à Gradignan pour des faits de pédophilie qu'ils contestent.

– Mais comment sais-tu tout cela ?

– J'ai reçu, tout à l'heure, un appel de mon copain Lalanne, tu te souviens, le journaliste de Sud-Ouest qui voulait de mes nouvelles. On a parlé du procureur assassiné et des autres, ceux qui sont peut-être en sursis. Il y a quelque temps, il avait déjà évoqué cette histoire de prêtre pervers et il m'avait affirmé que ce serait Trochu qui présenterait l'acte d'accusation. Alors j'ai pensé qu'on pourrait faire d'une pierre deux coups.

– Si tu veux, mais moi rencontrer des geignards, ce n'est pas trop mon truc.

– Tu iras te perdre parmi les ruines, pendant que je discuterai avec eux.

– Traite-moi de ruine, goujat !

Devant le château, avant le passage sur le pont qui enjambait les douves, les villageois avaient installé une banderole sur laquelle on pouvait lire : « Rendez-nous le Père Lamotte ». Un comité de soutien à l'ecclésiastique s'était assis derrière une longue table et faisait face aux nombreux touristes curieux qui venaient les interroger.

Linda feignit de les ignorer et progressa jusqu'à la porte monumentale qui, entre deux tours, donnait accès à la cour de la citadelle. Moqueuse, elle avait confié aux différents visiteurs qui pénétraient dans l'imposante bâtisse en même temps qu'elle : « Ruine allons voir si la ruine... », preuve s'il en était besoin, qu'elle avait de la suite dans les idées.

Lagardère s'avança vers la femme qui semblait mener la petite troupe :

- Excusez-moi, Madame, je suis le commissaire Lagardère et j'aurais aimé, à titre personnel je vous rassure, avoir des précisions concernant l'affaire qui vous préoccupe.

- Préoccupe, Monsieur, le mot est très mal choisi, elle nous scandalise. Le Père Thierry Lamotte, ici tout le monde l'appelle Thierry est un saint homme. Il n'est pas plus pédophile que je ne suis curé, passez-moi l'expression !

- Alors comment expliquez-vous qu'il soit accusé à tort ?

- Lucien Bertin, la soi-disant « victime » était un gamin tout ce qu'il y a de plus normal. Il a rencontré la petite Sylvie à l'école et ma foi, à quatorze ans, c'est le moment de la découverte. Il n'y a pas de cinéma à Villandraut, vous savez. Ils ont fait ce que nous avons tous fait à leur âge.

- Mais cela n'explique pas...

- Par la suite, Lucien a eu des fréquentations douteuses, des jeunes Roms qui stationnaient avec leurs familles sur le terrain dévolu aux gens du voyage. Au début, c'étaient des petits larcins sans grandes conséquences. Un jour, le Père Lamotte l'a surpris en train de fracturer un tronc dans l'église.

237

– Il a porté plainte, non ?

– Je vous l'ai dit, c'est un saint homme. Il a simplement informé les parents pour qu'ils remettent leur môme dans le droit chemin.

– C'est ce qu'ils ont fait ?

– Oui, c'est le père qui s'en est chargé. C'est un résinier qui travaillait dans les pins du côté de Lucmeau pour récolter la gemme. Un grand gaillard très costaud. Quand on a abandonné l'extraction de la colophane, il a bossé dans une scierie, pas loin de là. À ce qu'on m'a rapporté, il lui a foutu une rouste mémorable.

– C'était mérité, non ?

– Certes ! Ceci dit, le gosse en a gardé une terrible rancune à l'égard du prêtre, au point qu'il n'a jamais plus remis les pieds dans l'église.

– Encore une âme qui s'égare !

– C'est tout à fait ça ! Il s'est tu, tant qu'il était mineur, mais le jour de ses dix-huit ans, il est allé porter plainte à la gendarmerie contre le curé. Il a mijoté son discours pendant quatre ans, le petit salopard.

– Et les gendarmes l'ont cru ?

– Ils n'avaient pas le choix. C'était le moment où éclataient aux États-Unis les scandales au sujet des prêtres pédophiles, alors, je peux vous affirmer qu'ils ont su enregistrer les propos du jeune homme.

– Et le Père Lamotte ne s'est pas défendu ?

– Il a bien essayé, le pauvre, mais on l'a mis en préventive de suite et cela fait deux ans qu'il pourrit dans les geôles de la République. Et je peux vous dire que les codétenus ne lui font pas de

238

cadeau. C'est du moins ce qu'il en dit, lorsque nous lui rendons visite. Certains lui rendraient bien la monnaie de sa pièce. Les menaces vont bon train.

— Mais il a bien un avocat, même un commis d'office ?

— Oui, c'est Maître Henri Cahuzac. Nous sommes allés le voir. Il nous a paru sérieux. Mais comme il dit, c'est la parole d'une jeune victime, forcément innocente, contre celle d'un ecclésiastique irrémédiablement dépravé contre lequel les médias se déchaînent.

— Vous avez les coordonnées de ce monsieur ? J'aimerais bien le rencontrer.

— Vous pensez pouvoir faire quelque chose pour aider ce pauvre Père Thierry ? demanda-t-elle en griffonnant quelques mots sur un kleenex.

— Je ne peux rien vous promettre, mais j'ai bon espoir de permettre à votre curé de servir à nouveau la messe. Rappelez-moi les dates du procès ?

— C'est au mois de septembre, je ne sais plus quels jours. Laissez-moi votre adresse e-mail, je vous enverrai la partie du dossier à laquelle nous avons eu accès en tant que partie civile.

Hugo usa d'un autre kleenex que lui tendit la femme pour lui confier ses coordonnées.

— Vous pouvez vraiment faire quelque chose pour sauver notre curé ? répéta-t-elle un peu incrédule.

— Je vais essayer.

— Oh ! Monsieur le Commissaire de Police, puis-je vous embrasser ?

Avant même qu'il ait répondu, elle lui avait sauté au cou

et lui avait claqué deux bises sur les joues.

- À ce que je vois, on ne s'ennuie pas pendant que la ruine se perd dans ce tas de cailloux, ironisa Linda qui avait déjà fait le tour du monument.
- Mais Chérie, c'est la dame qui...
- C'est ça, c'est toujours la faute des autres.
- Vous pouvez constater, affirma alors la manifestante, il en est pour vous comme pour le Père Thierry. Vous n'avez rien fait, mais vous subissez tout de même la sentence.

Linda attira Hugo un peu à l'écart.

- Mais que raconte-t-elle cette vieille folle ? Tu n'as pas eu de punition. C'est terminé, maintenant je ne te quitte plus. Il ne nous reste plus de château à visiter ? J'ai soif !

Dans la voiture, il tenta d'expliquer à Linda comment sur la foi d'un simple témoignage, un prêtre serait livré au pilori comme autrefois le clergé condamnait ceux qui doutaient d'une seule parole du Christ. L'histoire se répétait à l'envers. Il y aurait toujours des gens pour sanctionner leurs semblables, pourvu que ça les arrange.

Tous deux s'aventuraient dans des considérations philosophiques quand Hugo, sur la petite route qui menait à Preignac, un village pas très loin de Sauternes, emprunta, presque par hasard, l'allée d'un modeste domaine. À même la grille du portail, sur un panneau en bois verni, était écrit en lettres stylisées : Château Beaucaillou et en dessous : Vin de Sauternes. Le chemin, fait de gravier et de terre mêlés et parfois d'ornières, conduisait à une grande bâtisse en craie couverte de tuiles rondes.

À leur arrivée dans la cour, un chien vint leur faire la fête avant qu'une femme d'une cinquantaine d'années, un peu rougeaude, s'approche pour les accueillir et les invite dans le chai voisin. Là, point de tralala, de taste-vin ni de crachoir, mais des verres très simples, dans lesquels elle fit couler l'or que contenait les barriques dont elle ôtait la bonde pour y plonger sa pipette. Les millésimes se suivaient tous plus sucrés et parfumés les uns que les autres. Après trois quarts d'heure de ce traitement au nectar, Hugo dit avec courage et abnégation qu'il était temps d'arrêter avant que l'ivresse ne les oblige à coucher sur place.

Linda demanda à la patronne de charger douze bouteilles de 2012 dans le coffre de la voiture et pria gentiment son compagnon de sortir sa carte bancaire, ce qu'il fit sans rechigner. Ils reviendraient, c'était promis, mais en commençant leur prochaine virée par ce petit cru qui avait soudain pris des lettres de noblesse à leurs yeux.

ADN et paternité

Pour Sébastien et sa maîtresse, les deux dernières nuits dans la villa du Mouleau ressemblèrent à des adieux. L'arrivée des parents de Nathalie coupait court à leurs ébats enflammés dans la magnifique bâtisse. Ils devraient convenir d'un lieu de rendez-vous moins romantique. Ils se rencontreraient dorénavant chez lui, rue Lachassaigne. Tant pis pour les remarques d'Olga, sa propriétaire, sur les cris de satisfaction de ses relations féminines ;

Le matin du lundi 27 juillet, il décida d'aller commander, comme il le faisait souvent pour se donner du courage, un petit noir à la cafétéria du campus. À croire que son habitude devenait contagieuse, car François Labrit, le roi des rayons en tous genres était déjà là et ils reprirent leur discussion sur l'opportunité des lasers pour la recherche sur l'ADN. Avant de se séparer, ils convinrent de partager régulièrement leurs découvertes respectives.

Sébastien remonta dans son laboratoire et rendit tout de suite visite à ses souris. Comme prévu, le gardien s'en était occupé et les nouveau-nés se portaient à merveille. Il s'amusa quelques instants à les titiller à travers les barreaux de leur cage avant de quitter l'animalerie pour téléphoner à Nathalie.

— Je te manque déjà ? demanda-t-elle aussitôt.
— Ta sensuelle imagination surtout. Je t'appelais pour savoir quand je pourrai passer à ton cabinet pour récupérer les échantillons du placenta d'Amanda ?
— Ils sont à ta disposition, bien au frais dans mon

243

réfrigérateur.

– D'accord, ce sera l'occasion de te voir entre deux patientes.

– Ce n'est pas très confortable ni très romantique, mais en semaine on peut se satisfaire de peu, pourvu qu'on ait l'ivresse. Et puis, c'est calme en ce moment, la secrétaire ne rentre que dans huit jours.

– Le liquide amniotique va me permettre d'entreprendre mes investigations, mais il faut que ta copine me fournisse l'ADN de son mari et de ses amants, sinon je ne peux rien faire.

– Le sien serait aussi le bienvenu, je suppose. Mais pour cela, je dois déjà disposer de quelques ovules que je conserve dans l'azote.

– Parfait. Un seul ovocyte sera suffisant. Je peux passer maintenant ?

– Oui, bien sûr ! Tu n'es pas obligé de revenir chez toi pour prendre un maillot...

Sébastien descendit sur le parking désert et monta dans sa Golf pour aller rejoindre son amie à Pessac. Il pensa que son associée était encore en vacances, car, il n'y avait que son roadster qui était garé devant le cabinet. Elle le guettait sur le pas de la porte :

– Déjà ! à croire que je n'ai pas été à la hauteur pendant le week-end, lui dit-elle.

– Juste un goût de revenez-y.

– Tu veux commencer par les loisirs ou le boulot ? J'ai une cliente qui doit venir dans trois quarts d'heure.

– Le travail peut toujours attendre. Il me semble que tu as des fauteuils confortables dans ton bureau.

– Va pour les fauteuils, mais fais attention, ils sont

comme moi, beaux et fragiles. Tant que j'y pense, j'ai eu Amanda au téléphone, elle m'a informé qu'elle aurait le « matériel » de ses hommes dans quarante-huit heures.

– Alors je repasserai te voir.

– Si on n'a pas cassé le mobilier.

– Je prends juste les prélèvements que tu as.

Sitôt de retour dans son laboratoire, Sébastien se mit à l'ouvrage. Très vite il comprit que les deux fœtus étaient hétérozygotes, c'est à dire faux jumeaux, ce dont il se doutait étant donné les traitements que la mère avait reçus. Tous deux étaient de sexe masculin. L'un présentait un groupe sanguin A positif et l'autre O positif.

Il en était arrivé à ce stade-là dans ses recherches lorsqu'il sortit, le mercredi trente juillet, pour voir Nathalie et aller récupérer le matériel génétique promis par Amanda. Il s'attendait à un accueil un peu chaud, mais ses espoirs s'envolèrent quand il aperçut, sur le parking du cabinet, une Ford Mustang immaculée.

La jolie cliente portait une robe blanche légèrement transparente qui ne cachait presque rien de son anatomie. Elle avait pris place dans un des fauteuils en face de sa gynécologue. Quand Sébastien entra, elle lui adressa un regard charmeur qui agaça quelque peu Nathalie.

– J'ai de bonnes nouvelles pour vous, lui dit-il.

Son propos était calculé pour couper court à toutes les effusions auxquelles elle aurait pu se livrer. « On ne sait jamais », pensa-t-il, « avec un tel tempérament ». Il poursuivit :

– Vous portez deux garçons dont les groupes sanguins sont compatibles avec celui de votre mari.

– Sensationnel, cria-t-elle. Et la couleur de leur

peau ? Je peux savoir ?

Sébastien ne s'attendait pas, à priori, à cette question. Cela signifiait certainement que la dame n'était pas raciste dans le choix de ses partenaires.

- Je n'avais pas prévu d'étudier une telle éventualité chromosomique, s'excusa-t-il, mais je vais y remédier au plus vite dès que j'aurai des éléments de comparaison.
- Vous voulez parler du sperme de mes amants ? Je vous ai apporté des échantillons de chacun d'eux, dit-elle en sortant de son sac quatre tubes à essai.

Elle ajouta, très sereine :

- Il y a peut-être un peu de mon ADN mélangé au reste, j'espère que vous pouvez faire le tri.
- Oui, pas de problème. Je ne m'intéresserai qu'au « reste »
- J'ai écrit, sur les tubes, les prénoms des donneurs. René, c'est celui de mon mari. Il n'y a pas grand-chose dedans, le pauvre, c'est normal, il est trop âgé, vous savez, ce n'est plus ce que c'était. Les autres s'appellent Ricardo, James et Mathieu
- Je vous remercie. Je ne vous demande pas comment vous vous êtes procuré les prélèvements...
- Mais si, je vais vous expliquer, c'est très simple, sauf avec René...
- Non, renchérit Nathalie, ce n'est pas la peine de rentrer dans les détails, on a très bien compris. Notre rôle n'est pas de perturber votre intimité.
- C'est comme vous voulez, mais cela aurait pu être utile à vos patientes qui sont dans le même cas que moi. Comme disent mes hommes, moi je suis très nature, je ne m'embarrasse pas de chichis.

– Mais nous n'en doutons pas, affirma Sébastien. Je vais me mettre au travail et on vous recontactera dès que nous aurons des précisions sur les foetus.

– C'est gentil. La couleur, n'oubliez pas la couleur, c'est essentiel. C'est pour René, vous comprenez ?

– Oui, bien sûr, pour René.

Amanda embrassa presque aussitôt Nathalie et serra la main de Sébastien en esquissant une légère révérence comme une petite fille qui voudrait s'attirer les faveurs de sa maîtresse. Ses manières laissèrent le jeune homme parfaitement de marbre. Cette femme de peu d'éducation savait certainement très bien séduire les riches et athlétiques mâles dont elle convoitait la fortune, mais ce n'était pas encore son cas. Il n'avait ni les moyens ni le désir d'entretenir une poupée Barbie, fût-elle de luxe.

Amanda avait à peine quitté le cabinet qu'une autre patiente en franchit le seuil.

– Je crois que je n'ai plus qu'à rentrer m'occuper de mes souriceaux, dit alors Sébastien, notre récréation est reportée sine die.

– Désolée, répondit Nathalie en jetant un coup d'œil dans l'entrée à travers une glace sans tain. C'est Madame Espinasse, une femme qui est enceinte de quelques semaines. À quarante-cinq ans, c'est un excellent résultat après une longue galère. Mais attends un peu, je vais voir ce qu'elle veut.

La jeune gynécologue gagna le secrétariat pour discuter quelques minutes avec la dame et revint dans son bureau.

– C'est l'épouse d'un gros marchand de peinture de la région bordelaise et elle souhaite en savoir plus sur le bébé qu'elle porte. Je lui ai dit qu'il n'y avait aucun problème et que tu pourrais t'en charger.

– J'espère qu'elle n'a pas plusieurs amants, sinon je

refuse tout net. Je vais te laisser faire le prélèvement. Un strip-tease par semaine me suffit largement.

— Un effeuillage à mille euros, j'en connais beaucoup qui seraient candidats, même si la dame n'est plus toute jeune. Tu repasses demain pour prendre le liquide amniotique ?

— À quelle heure ?

— Quand j'aurai ausculté ma dernière cliente. Onze heures si tu veux. On pourrait déjeuner ensemble... après.

— Après ?

— Ta récompense pour avoir accepté de travailler pendant tes vacances.

Sébastien retourna dans son laboratoire et poursuivit ses analyses sur les prélèvements effectués sur les placentas des embryons. Il isola les gènes spécifiques de la production de mélanine, le pigment qui donne à la peau sa teinte plus ou moins hâlée. Ces manipulations lui demandèrent trois jours pour finalement déboucher sur une ambiguïté qui le laissa perplexe. Un des brins d'ADN, chez un des garçons, suscitait la coloration de l'épiderme et son vis-à-vis faisait l'inverse. Il se plongea dans la bibliographie à sa disposition pour tenter d'en savoir un peu plus, mais sans succès. Il était incapable de dire si l'enfant serait noir, blanc ou d'une teinte intermédiaire. Son frère aurait la peau claire et cela, il en était sûr.

Plutôt que de s'enfermer dans l'appartement de Sébastien, Nathalie et lui passèrent le week-end suivant dans une auberge du Limousin, sur les bords de la Vienne. Tous deux discutèrent longtemps de cette petite particularité chromosomique. Il en allait de la survie de l'un des embryons. La jeune femme était certaine qu'Amanda ne sacrifierait pas sa vie aisée pour un métis encombrant. Elle exigerait que l'on abrège sa grossesse ou que l'on ne conserve que le fœtus compatible avec René ce qui était théoriquement réalisable.

Dès le lundi matin, Sébastien se remit au travail. La solution venait peut-être du génome du père. L'étude des différents prélèvements dans les tubes qu'avait fournis Amanda lui révéla que le géniteur ne pouvait être que James. Ce dernier devait être métis, car il disposait, de la même façon que son fils, de chromosomes producteurs de mélanine et d'autres non. Il ne restait plus qu'à demander à Amanda quelle était la couleur de peau de son amant. C'est Nathalie qui se chargea de cette mission :

– Elle m'a affirmé qu'il est blanc avec des taches brunes. Néanmoins, elle admet aussi qu'il a l'épiderme assez mat. C'est rare chez un roux aux yeux verts, mais c'est le cas.

– Il ne doit pas passer inaperçu !

– C'est peut-être pour ça qu'elle l'a choisi.

– Non, il est plus probable qu'elle a jugé de l'épaisseur de son portefeuille. Je te laisse, je vais poursuivre mes recherches. Il faut bien lui en donner pour son argent à cette brave dame.

– Si durement gagné à la sueur de... ! Tu me rappelles pour me parler de tes découvertes ?

Sébastien raccrocha et reprit son travail. Pas de trisomie 21, pas d'hémophilie, la progéniture se présentait sans grave défaut apparent. Cependant lorsqu'il recherche le daltonisme, il constata que l'un des fœtus était porteur de cette tare. Il chercha alors à déterminer ses autres particularités et s'aperçut que le garçon serait roux aux yeux verts. Il se souvint des analyses qu'il avait faites quelques jours auparavant sur l'échantillon de culture de peau que lui avait remis le commissaire Lagardère. Il partit dans un des angles du laboratoire ouvrir une armoire métallique dans laquelle il rangeait ses dossiers déjà classés. Il en sortit une chemise peu épaisse sur laquelle il avait noté « Rouquin ». Il feuilleta les quelques pages qu'elle contenait et composa un numéro sur son mobile.

ADN ! dis-moi...

Hugo ne s'attendait plus à avoir des nouvelles de Laborde, le généticien qu'il avait contacté, et voilà qu'il avait essayé de le joindre sur son portable, comme souvent à bout d'énergie. Mais quand donc les ingénieurs qui peuplent notre planète inventeront-ils le téléphone chargé pour la vie.

– Allô, Docteur Laborde ?

– Oui Commissaire ! J'ai cherché à vous joindre pour vous informer que le propriétaire du doigt est un prénommé James.

– Vous êtes sûr ? C'était écrit dans l'ADN de ses cellules de peau ?

– Oui... enfin non. Je vous confirme qu'il est roux aux yeux verts et certainement métis.

– C'est incroyable tout ce que vous pouvez sortir d'une boîte en plastique ! Je connais très bien cet homme et c'est très probablement un criminel.

– Des roux aux yeux verts, il doit y en avoir plusieurs à Bordeaux !

– Mais des James, il y en a qu'un seul. Je vous remercie infiniment. Voulez-vous me faire un petit rapport et une facture ? Je vais vous faire régler par l'administration pour votre travail de qualité. Je m'excuse, j'avais complètement oublié que je vous devais des sous. Mais votre découverte change tout, maintenant ce n'est plus moi le payeur. Vous êtes **formidable**.

Tout exalté par cette révélation, Lagardère monta dans sa voiture et partit en direction de l'aéroport. À l'accueil, il se présenta et demanda à une charmante jeune femme en uniforme s'il pouvait rencontrer le responsable du trafic. Elle passa un appel téléphonique et un homme d'une quarantaine d'années se présenta presque aussitôt.

- Frédéric Martin, attaché commercial, je peux vous aider ?
- Peut-être. Au niveau de l'aérogare, je suppose que vous avez détruit toutes les vidéosurveillances du mois d'avril ?
- Oui, on les garde une quinzaine de jours, pas plus. Après on les efface pour réutiliser le support. C'est officiellement pour préserver le droit à l'image de chacun, mais surtout pour éviter le gaspillage.
- Si j'avais voulu me rendre à Londres dans la nuit du dimanche de Pâques au lundi, comment aurais-je pu faire ?
- Venez dans mon bureau, on va examiner les voyages qui étaient programmés.

Martin s'installa devant son écran d'ordinateur et commença à taper sur le clavier.

- Effectivement, il y a eu un vol ce matin-là. Attendez, je dois même avoir la liste des passagers... ça vous intéresse ?
- Et comment ! Celui que je cherche se nomme James Virassamy.
- Non, je suis navré, il ne figure pas sur le listing.
- J'étais persuadé qu'il était parti à Londres cette nuit-là. Aurait-il pu prendre un avion-taxi ?
- Là, je ne peux pas vous renseigner. Voyez avec la société Locavia. Son bureau se situe non loin des loueurs de voitures.

Hugo se rendit dans le lieu indiqué et rencontra un homme qui se présenta comme l'unique pilote de la compagnie qui ne possédait qu'un seul avion et un seul actionnaire.

– Monsieur, puis-je vous aider ?

– Vous êtes le seul avion-taxi de la place ?

– Germain pour vous servir.

Lagardère sortit sa carte barrée de tricolore.

– Un petit renseignement : auriez-vous transporté un passager vers l'Angleterre à Pâques ?

– Ah oui, je m'en souviens, un type un peu bizarre. Il m'a sonné à trois heures du matin et désirait partir immédiatement.

– Avait-il un pansement ?

– Oui, à la main gauche. Il m'a expliqué qu'il s'était fait mordre par un chien. Mais comment s'appelait-il donc ? Ça y est, ça me revient : James, c'est cela !

– Voyez-vous un inconvénient pour qu'un de ces jours, je vienne enregistrer un procès-verbal retraçant cette rencontre et le transport que vous avez effectué cette nuit-là ?

– Et je gagne quoi ?

– La reconnaissance de la nation et une bière britannique sur mes fonds propres.

Le mystère de l'auriculaire guéri sans l'intervention d'un médecin était enfin dévoilé. Un homme de l'art de Sa Majesté la Reine d'Angleterre s'en était chargé.

Assis au volant, dans les embouteillages sur la route qui le ramenait chez lui, Hugo fit un peu le résumé de cette soirée pendant laquelle le procureur perdit la vie. Jean de la Porte est sorti le dimanche de Pâques pour se rendre au concert qui se tenait au Grand Théâtre. À la fin de la représentation, vers onze heures trente, au lieu de rentrer directement chez lui, il fait un crochet par « L'Antre du Corsaire ». Là, il rencontre James, ils discutent, boivent certainement plusieurs verres et décident d'aller ensemble rue de la Fusterie. En route, ils s'arrêtent dans un bistrot et soignent leur taux d'alcoolémie. Arrivés chez le procureur, la conversation s'envenime, peut-être au sujet du jugement du neveu impulsif, et les deux hommes s'emparent chacun d'une dague sur un râtelier accroché au mur. Ils se battent. James y laisse la phalange de son petit doigt et le magistrat la vie. Virassamy s'enfuit sans savoir s'il a été aperçu par les frères Béchir ce qui leur vaudra à tous les deux une fin tragique de peur qu'ils ne le trahissent. À quelques détails près, la boucle était bouclée.

Arrivé chez lui, il se jeta sur son lit encore défait depuis déjà plusieurs mois et son esprit vagabonda dans une espèce de mélange de rêve et de réalité. Certes, il avait résolu l'énigme de la mort du procureur, mais il n'était pas capable de capturer son meurtrier. On l'avait muselé et il se trouvait pieds et poings liés sans même avoir l'opportunité d'approcher le criminel. Il avait la protection des gens les plus influents de la région et que valait sa parole, même assermentée, face aux politiques, industriels et autres magistrats ? Il n'était pas question d'aller rencontrer le juge Andouard qui avait classé l'affaire ni le procureur général trop occupé à peaufiner ses accusations assassines. Il fallait qu'il retrouve un peu d'autorité. Il se leva brusquement et s'assit sur une chaise de la cuisine, posa son ordinateur sur ses genoux devant lui et ouvrit une page Word sur laquelle il écrivit : « A »
« Monsieur le Préfet de la Gironde »
« Rapport sur la délinquance urbaine en région bordelaise »
La suite fut plus ardue à rédiger. Il expliquait au

représentant de l'État que la ville recelait une mafia qui défiait la grande majorité des interdits édictés par la loi et qui régnait sur la cité par le crime et la terreur. À côté de cette organisation, la corruption ramassait les miettes de tous les trafics en se faisant rémunérer en liquide ou en nature. Il se proposait de donner un phénoménal coup de pied dans la fourmilière pour peu qu'il retrouve, même pour quelques semaines, son poste de commissaire de la rue de Sourdis ou un équivalent.

Le document était concis comme il aimait les rédiger. Il le relut à plusieurs reprises afin de s'assurer qu'il n'avait révélé aucun indice sur ses découvertes. Il le porterait demain à la secrétaire du Préfet et ce n'est pas ce qui l'enchantait le plus. Avant de frapper à la porte de la mégère, il dut se motiver sérieusement. Il cogna par trois fois le dos de ses phalanges contre le rempart qui le séparait de l'antichambre du pouvoir. Sans attendre une hypothétique réponse, il entra. Madame Julie Fostin était d'humeur égale à celle qu'il connaissait bien.

— Vous avez déjà terminé votre rapport, Monsieur Lagardère ? Vous avez fait vite.

— Commissaire.

— Ah non ! vous n'allez pas recommencer. Que voulez-vous à la fin, votre insolence est insupportable !

C'est alors qu'un homme pénétra dans le bureau. À sa décontraction, Lagardère pensa qu'il s'agissait du Préfet en personne.

— Excusez-moi Julie, vous n'auriez pas le dossier concernant les risques majeurs... mais, je vous sens contrariée...

— J'en suis le responsable, Monsieur le Préfet, Madame refuse obstinément de m'appeler

« Commissaire ».
- « Mademoiselle », rectifia la secrétaire, je ne suis pas mariée que je sache.

Ignorant la remarque, le maître des lieux s'avança vers Lagardère, la main tendue.

- Vous désiriez me voir, Commissaire ?
- Hugo Lagardère. J'étais venu remettre le rapport que vous m'aviez demandé de rédiger au sujet le la délinquance dans la région.
- Très intéressant, entrez dans mon bureau, j'aime bien être au fait des problèmes.

Le Préfet introduisit le commissaire dans une immense pièce aux plafonds interminables, ornés de dorures d'un autre siècle. Le maître des lieux le fit asseoir en face de lui, devant un plateau en loupe d'orme qu'aucun objet n'encombrait, supporté par des pieds torsadés, sculptés dans la même essence de bois.

- Peut-être suis-je pessimiste, mais j'ai l'impression qu'il y a une certaine recrudescence du banditisme. Qu'en pensez-vous ?
- Je ne sais pas. Je ne suis plus concerné. Ou plutôt, on m'a écarté de la sécurité, sans doute parce que je gênais.
- Que voulez-vous dire, Lagardère ?

Hugo faillit le reprendre et réclamer son titre et finalement se ravisa.

- Que les protections s'appliquent aux assassins avant de bénéficier aux agents de la force publique. Je vous ai noté tout cela sur ce résumé que je vous ai apporté.
- Ce que vous exprimez là est insensé, répondit le Préfet en ouvrant le pli et en commençant la lecture.

– On ne peut améliorer les choses en occultant la mafia qui gangrène ce pays. Sans oublier toute la corruption qui l'accompagne. Mon enquête à l'ombre du placard dans lequel on m'a placé m'a permis de prendre conscience de l'étendue du problème.

– Et pour le résoudre ?

– Il faudrait sans doute opérer un « reset », remettre les compteurs à zéro et couper les branches pourries.

– D'accord Lagardère, j'étudie la question et je vous rappelle. Mademoiselle Fostin a votre numéro de portable ?

– Oui, si elle ne l'a pas jeté dans la corbeille dans un accès de mauvaise humeur.

– Je sais... mais elle était là avant moi, vous comprenez. Je reconnais qu'elle a un certain côté acariâtre. Il lui a manqué un mari dans sa vie et ce n'est pas maintenant qu'elle va trouver l'âme sœur. C'est désespéré, même sur le net.

– Un desperado peut-être !

Les deux hommes se saluèrent et le Préfet guida Lagardère vers une porte dérobée qui donnait sur l'extérieur.

– Tenez, passez par là. Cela vous évitera une réflexion désagréable. Mademoiselle Fostin est encore plus cinglante quand elle a les oreilles qui sifflent.

– Merci, Monsieur le Préfet !

Deux jours plus tard, Hugo obtenait d'occuper de vieux locaux de police, au sein même de la préfecture. Le représentant de l'Etat mettait aussi à sa disposition des moyens conséquents en fonctionnaires et matériels dans le cadre d'une cellule d'intervention contre le grand banditisme. Il eut le privilège de voir deux de ses anciens acolytes venir le seconder en la personne de Gilbert Cazeneuve et Alexia Sabaté, détachés du commissariat de la rue François de Sourdis. Après les épanchements de joie des premiers moments, Lagardère confia à son second la mission de surveillance de « L'Antre du Corsaire ». La jeune femme hérita des écoutes téléphoniques et de l'infiltration informatique de l'organisation.

En quelques jours, ils comprirent que James Virassamy était entouré de son chauffeur, de son garde du corps qui faisait aussi office de videur de la boîte de nuit et de trois neveux en liberté et un en prison pour une vingtaine d'années. Tout ce petit monde était basé dans des locaux interdépendants situés entre la rue du Quai Bourgeois et le quai Richelieu. Un véritable labyrinthe que ces immeubles accolés, appartenant à des sociétés différentes, toutes établies en Grande-Bretagne. Pas moins de trois portes de garage permettaient d'y accéder en voiture et quatre issues desservaient les bâtiments. Dans ces conditions, l'investissement de « L'Antre du Corsaire » et de ses communs promettait d'être délicat.

En collaboration avec le Préfet, la date de l'attaque fut fixée au mercredi 23 septembre, jour de l'automne. Pour James Virassamy, ce serait le début de plusieurs saisons difficiles, du moins les policiers l'espéraient-ils. Le Préfet mit à disposition, pour épauler l'intervention, les agents du GIPN et l'assistance juridique d'un procureur. Ce dernier, fraîchement nommé, avait été choisi en dehors du microcosme local afin de ne pas laisser d'éventuelles connivences interférer dans l'opération.

Lagardère vivait cette préparation comme une véritable réhabilitation. Les vexations du juge Andouard et la superbe du procureur général n'étaient plus que des mauvais souvenirs, il était de nouveau dans l'action. Chaque nouvelle information sur le fonctionnement du clan Virassamy le rapprochait un peu plus de l'assaut final. Il en devinait tous les pièges et les solutions pour les éviter. Le rouquin ne se laisserait pas appréhender comme cela. On ne domine pas le marché du crime sans une intelligence hors du commun qu'il ne fallait pas sous-estimer.

Deux jours avant l'attaque, Hugo décida de prendre quelques heures de détente et confia à Cazeneuve la gestion des préparatifs en cours.

Comme il se promenait sur les bords de la Garonne, du côté du Miroir d'eau, non loin du quai Richelieu, il se souvint de la tournée des grands vins qu'il avait faite avec Linda. Il repensa à la discussion qu'il avait eue avec la villageoise membre du comité de soutien du Père Thierry Lamotte. Il fallait qu'il contacte son avocat, mais comment se nommait-il donc ? Un patronyme d'ici, du sud-ouest comme celui d'un ministre des finances qui planquait, aux dires des médias, ses économies en Suisse. Cahuzac, c'était cela, Maître Cahuzac. Il appela Alexia qui lui transmit son numéro de téléphone. Par chance, il était présent à son cabinet et accepta de le recevoir dans la soirée.

Après les présentations d'usage, l'avocat lui confia son pessimisme quant au jugement :

- Vous savez, Monsieur le Commissaire, les débats sont déjà très avancés et le procès doit se terminer jeudi en fin de matinée par ma plaidoirie. Après, les jurés se retireront pour délibérer.
- Votre pronostic ?
- Dix ans, au mieux, de prison ferme. Dans cette affaire, on n'a pas hérité du procureur le moins

éloquent. Sa férocité est légendaire. En plus de cela, il a obtenu que les audiences ne se déroulent pas à huis clos. La présence des journalistes stimulera, à n'en pas douter, ses talents d'orateur.

– Cela sera peut-être compensé par celle, dans l'assistance, des habitants de Villandraut ! C'est qu'ils y tiennent à leur curé !

– Vous savez, cela peut aussi agacer les jurés. Je vais devoir leur dire de ne pas manifester leurs sentiments, et ce ne sera pas facile pour eux. Ils sont exaspérés par tout ce qui a été rapporté à l'encontre du Père Thierry. Les gens ont réexaminé tous ses faits et gestes des années précédent son arrestation à la lumière du doute. C'est dramatique !

– Quand le Procureur Général Trochu prononcera-t-il ses réquisitions ?

– En principe mercredi.

– Et vous plaiderez jeudi, c'est cela.

– Tout à fait. Le défenseur parle toujours le dernier, c'est la règle.

Avant de se séparer, les deux hommes discutèrent une bonne heure de la moralité du Père Thierry et de la fragilité psychique de son accusateur, son point faible, paraît-il.

Hugo, peu emballé par le manque d'optimisme de l'avocat, repartit planquer, encore et encore, à proximité de la rue du Quai Bourgeois. Il s'entêtait à rechercher le petit indice qui pourrait faciliter l'opération prévue pour le surlendemain.

Souricière

C'est vers vingt-et-une heures que le commissaire Lagardère vint positionner sa Toyota dans la rue du Quai Bourgeois à une centaine de mètres de « L'Antre du Corsaire ». Dans son rétroviseur, il pouvait surveiller, à travers les vitres teintées de sa voiture, la porte en bois de la boîte. Les premiers clients arrivèrent un peu avant dix heures et le rythme des entrées s'accéléra jusqu'à minuit puis le flux ralentit pour presque s'annuler une demi-heure plus tard. C'est le moment qu'Hugo choisit pour appeler Alexia restée dans leurs bureaux de la préfecture, afin qu'elle coordonne l'assaut. Les hommes du GIPN se partagèrent en deux groupes, chacun attendant, l'arme au poing, d'un côté ou de l'autre des bâtiments.

Lagardère vint seul frapper à l'imposante porte en bois. Tête rasée déverrouilla le judas pour se retrouver face à la carte barrée de tricolore du policier qui lui intimait simultanément l'ordre de le laisser pénétrer dans l'établissement.

— Vous avez un mandat ? demanda l'individu.

— Le voilà, répondit Lagardère en montrant un papier illisible dans la pénombre, tu as trois secondes pour ouvrir.

— Va te faire...

L'homme n'eut pas le temps de terminer ses injures qu'il avait reçu une large pulvérisation de gaz lacrymogène sur le visage à travers la grille. Immédiatement, un des agents du GIPN enfonçait le vantail à l'aide d'un bélier et un autre évacuait le videur vers l'extérieur où il était pris en charge par un de ses collègues. À l'intérieur, la sono crachait ses décibels à en faire exploser les tympans des non-initiés. Dans cette ambiance, personne n'avait entendu les coups qui avaient défoncé la porte d'entrée. Lagardère, un chapeau mou sur la tête, s'avança décontracté comme s'il venait assouvir ses penchants gays. Il se surprit même à accentuer son déhanché au rythme de la musique. Une vingtaine d'hommes plus ou moins dévêtus dansaient collé-serré sur des airs cubains. Trois autres étaient accoudés au bar devant un verre et cinq ou six se tripotaient sur les canapés éparpillés autour de la salle. Hugo repéra très vite James le rouquin qui surveillait ses invités en sirotant un whisky assis dans un fauteuil à deux places, à côté de la porte menant dans les appartements privés. Le policier fit signe au serveur de débrancher la sono. Comme il n'avait pas l'air de comprendre, il le saisit au collet par-dessus le comptoir et approcha sa figure de la sienne jusqu'à ce que l'extrémité de leurs nez respectifs se touche.

— Vas-tu arrêter cette putain de musique ou je t'étrangle ?

Le visage d'Yvon rougit très rapidement jusqu'à se colorer d'une teinte violacée. Il agita comme il put la tête de haut en bas. Lagardère relâcha un peu son étreinte. Le serveur passa une main sous son bar et stoppa le vacarme. Le commissaire projeta alors Yvon vers les bouteilles d'alcool, alignées derrière lui, et prit la parole :

— Messieurs, un peu de silence s'il vous plaît. Cet établissement est l'objet d'un contrôle de police dans le cadre d'une enquête sur plusieurs meurtres.

Une rumeur monta dans les rangs des danseurs et autres adeptes des plaisirs partagés. Le fauteuil sur lequel le rouquin était installé était dorénavant vide. Il avait dû voir l'altercation avec le barman et avait quitté les lieux. Lagardère sortit son téléphone de sa poche. Il était toujours en ligne avec Alexia. Il lui demanda de faire entrer cinq agents du GIPN. En apercevant les hommes cagoulés, les quelques clients qui commençaient à s'approcher et à se montrer menaçants envers le commissaire reculèrent vers le fond de la salle, dissuadés de toute réaction agressive.

    – Messieurs, un bus est en train de se positionner devant le seuil de l'établissement. Vous êtes priés de vous y rendre un par un. Un policier vous y attend pour une fouille au corps avant que vous puissiez vous y installer. Les plus excités, ne vous réjouissez pas trop vite, ils ont les doigts musclés. Vos vestes et autres manteaux seront embarqués à bord du car et restitués dans nos locaux après les vérifications des identités. Toute velléité de révolte, quelle qu'elle soit, pourra être assimilée à une forme de complicité par rapport aux meurtres sur lesquels nous enquêtons.

Soudain un grand blond pénétra dans la salle par la porte par où le rouquin avait disparu. Il portait dans sa main droite, dressée à hauteur d'épaule, un neuf millimètres qu'il pointait dans la direction du policier. Dans un même mouvement, tous les clients reculèrent, laissant Lagardère isolé face à lui. Yvon, terrorisé et pressentant la fusillade, s'était aplati en position fœtale derrière son comptoir.

Le face-à-face ne dura qu'une fraction de seconde. Une déflagration déclenchée par on ne sait quel homme cagoulé fit exploser le crâne du blondinet. Une large tache de sang mêlé avec de la substance cérébrale s'étala sur le mur et commença à descendre lentement vers le canapé qui se trouvait juste au-dessous.

– Grouillez-vous Messieurs, vous voyez bien que cet endroit n'est pas des plus sûrs. Vous êtes venus pour tirer un coup pas pour le recevoir.

Dix minutes après, Lagardère évacuait Yvon, les menottes aux poignets, quand Claude-Samuel apparut vêtu d'un simple string. Trop tard pour l'envoyer se rhabiller, il fut emmené en l'état. Suivirent quelques bénéficiaires de ses faveurs qui avaient pris la peine de se couvrir davantage.

Quand la salle fut vide, Lagardère pensa qu'il ne devait plus y avoir, auprès de James, que son chauffeur et deux de ses neveux. Il commença par s'assurer qu'ils n'étaient pas dans une des cabines du premier étage, puis il pénétra dans les différents appartements qui se succédaient au fur et à mesure qu'il progressait. Un luxe inouï s'étalait devant lui. Le rouquin avait recréé, derrière les murs austères des vieilles maisons bourgeoises, un cadre très cossu. Les parois étaient habillées de tentures brodées d'or. Des tableaux de maîtres ornaient la hotte des cheminées et partout des meubles anciens occupaient l'espace.

Hugo n'avait pas le temps de s'extasier. Le plancher craquait sous ses pieds et cela trahissait sa progression. Soudain, il entendit une rafale d'arme automatique. Le bruit semblait venir d'un entresol un peu devant lui. Il écarta un rideau qui obstruait une fenêtre et vit le bus qui démarrait en trombe et les agents du GIPN qui répliquaient aux tirs qu'ils avaient essuyés. Il descendit un petit escalier en bois pour tenter de prendre James et ses hommes à revers. Il parvint dans une remise dont les vitres de la baie étaient brisées. Il pensa que c'était de cet endroit qu'ils avaient fait feu, mais ils avaient disparu. Avec mille précautions il poursuivit sa progression quand il entendit presque simultanément, au niveau inférieur, deux volets métalliques qui s'enroulaient sur eux-mêmes. « Ils tentent de fuir, pensa -t-il, Gilbert, ça va être à ton tour de terminer les réjouissances ».

Ce dernier observa bien les portes s'ouvrir. Il avait fait placer devant chacune d'elles une herse sur laquelle les pneus de deux voitures vinrent s'empaler. La première, une grosse Jaguar de couleur noire, fit une embardée sur la route toute proche, un tête-à-queue très violent et termina sur le toit au beau milieu de la chaussée. La seconde, un Hummer gris métallisé traversa l'obstacle sans dommage, essuya le tir croisé des fonctionnaires du GIPN et poursuivit sa course en droite ligne, en coupant les différentes voies des quais, heureusement désertes. Au volant, le chauffeur, probablement blessé, continuait d'accélérer comme s'il avait énormément d'espace devant lui. Il franchit un dernier trottoir et percuta à grande vitesse le muret qui longeait le port. Celui-ci céda sous le choc et le véhicule bascula dans le fleuve. Les nombreux agents se précipitèrent vers la Garonne. Dans le courant argileux, mal éclairé par les lampadaires de la rive, de grosses bulles remontaient à la surface. Il leur fallut attendre plus de deux minutes avant que deux têtes sortent de l'eau, quelques dizaines de mètres en aval. C'est alors qu'arriva un canot pneumatique équipé d'un projecteur avec, à son bord, deux policiers armés.

– Montrez vos mains, hurla l'un d'eux à l'adresse des deux nageurs.

– Ne tirez pas, répliqua le rouquin, on se soumet. Mon chauffeur est blessé, faites vite !

– On vous passe les menottes et ensuite on vous hisse sur le bateau, compris ? Au moindre geste suspect, vous irez nourrir les aloses.

Pendant ce temps, Gilbert avait maîtrisé, avec l'aide des hommes armés restés auprès de lui, les deux neveux qui s'agitaient dans la Jaguar. C'est alors que Lagardère le rejoignit.

— Où sont donc les autres ? lui demanda-t-il ?
— La brigade fluviale est en train de les réchauffer à bord de leur Zodiac.
— Tu avais aussi pensé à ça ?
— Oui ! J'ai même eu le temps de leur demander combien James avait de phalanges au petit doigt de sa main gauche.
— Et alors ?
— Ils m'ont répondu... qu'ils n'avaient pas que cela à faire !
— Dommage ! Fais entrer tes gars dans la maison pour vérifier qu'il n'y a pas encore un de ces voyous à l'intérieur. Dis-leur de faire gaffe aux copains qui viennent en face, ils ont la gâchette facile, les mecs.
— Ils sont tous équipés de la radio sur leur casque et communiquent entre eux en permanence. Je vais quand même les prévenir.

Vers trois heures du matin, l'intervention était terminée et seuls quelques agents avaient été appelés en renfort pour surveiller les bâtiments pendant le reste de la nuit.

Les occupants du bus se remirent de leurs émotions d'avoir essuyé la fusillade, dans une annexe de la préfecture. Claude-Samuel avait reçu quelques habits pour cacher sa nudité. Il eut droit, comme les autres, à un café chaud avant d'être entendu par un policier. Il demeurait cependant très tourmenté et appréhendait qu'on lui réclame des papiers qu'il ne possédait pas. Comme il voyait bien qu'il allait passer avec Alexia, il demanda s'il ne pouvait pas avoir à faire à un homme.

Les notables échangeaient entre eux craignant surtout

d'être jetés en pâture à la presse à cause de leurs distractions difficilement justifiables. C'était surtout le cas de ceux qui avaient femmes et enfants et qui avaient excusé leur absence par des contraintes administratives. Le député de Carbonas, soutenu par le conseiller général de Pissos, commençait à haranguer l'ensemble des interpellés quand le Préfet en personne vint leur faire une courte visite.

— Messieurs, c'est pour notre enquête et dans la mesure où nous pourrions avoir besoin de votre témoignage que nous vous demandons de laisser vos coordonnées. Nous ne sommes pas là pour vous juger, mais pour arrêter les auteurs de crimes et les déférer devant la justice. Tout ce que vous nous direz restera confidentiel si vous ne faites pas obstruction à nos investigations.

Un brouhaha se fit aussitôt entendre parmi les fêtards et les politiques ravalèrent leurs discours révolutionnaires.

Hugo arriva chez Linda vers huit heures. Elle était encore couchée et feuilletait des magazines dans son lit. Il lui apporta un café et s'allongea quelques instants à ses côtés pour lui raconter ses exploits de la nuit.

— Tu ne penses pas que tu as passé l'âge de jouer les petits soldats pour aller crapahuter derrière la pègre bordelaise ?

— Tu as raison ! mais je souhaitais absolument terminer cette affaire. D'ailleurs elle n'est pas achevée. Je t'invite à un spectacle qui te plaira certainement.

— Je parie que tu as trouvé ici une représentation de travestis !

— Mais non, il n'y a pas encore de migrants thaïlandais en France, du moins pas à ma connaissance. Si tu veux bien te préparer, c'est dans une heure et les places sont très chères.

— Tu ne peux pas m'en dire un peu plus ?

— Tu verras bien.

Jugement à charge
et
à décharge

La salle d'audience du Palais de Justice était bondée. Heureusement, Maître Cahuzac avait fait retenir deux places, un peu derrière la sienne pour Lagardère et sa compagne. L'ensemble de l'assistance se leva à l'entrée de la cour et très vite l'avocat fut appelé à plaider la cause du Père Lamotte :

> – Monsieur le Président, Mesdames et Messieurs les Jurés je voudrais ici remercier, Monsieur le Procureur Général de nous avoir exposé avec brio l'horreur de la pédophilie et le calvaire que subissaient les victimes.

L'auditoire s'étonnait déjà de la tournure que prenait la défense du prêtre quand il ajouta :

> – Pour abonder dans votre sens, Monsieur le Procureur Général, j'aimerais vous faire entendre un document d'enfants ayant supporté ces atrocités. Je vous demande, pour une fois, un peu d'indulgence, car ils s'expriment dans un anglais approximatif et avec un fort accent asiatique. J'en donnerai la signification par la suite.

L'avocat sortit une tablette de grande dimension de sa serviette et la mit en service. Linda reconnut la voix du petit garçon qu'ils avaient invité à leur table dans le restaurant de Phuket.

— Mais c'est Wittawin, que j'entends là ! s'exclama-t-elle.

— Chut !

De temps à autre, l'orateur stoppait l'enregistrement et traduisait leur propos en français tout en les agrémentant de quelques remarques. Quand la lecture du document sonore fut terminée, l'émotion était palpable dans la salle et dans les rangs des jurés.

— Maître, interrompit le Président, voulez-vous nous dire où vous désirez en venir ? Vous vous égarez !

— Mais pas du tout, je suis totalement dans le sujet qui nous préoccupe. Par delà le Père Lamotte, nous avons une mission qui est de dénoncer l'horreur de la pédophilie et mon client est de mon avis, car il n'est pas coupable.

Sur l'estrade, le Procureur Général avait pâli, mais conservait encore fièrement la tête haute. Dans son box l'accusé priait et sur le banc des témoins, le Lucien cachait sa figure entre ses mains.

— Maintenant, et pour corroborer le discours de ces très jeunes victimes, je voudrais vous montrer leurs visages. Ils sont frère et sœur, ils ont été vendus quelque temps auparavant, par leurs parents dans la misère, à un Thaïlandais qui les loue à des Occidentaux.

L'avocat fit circuler la tablette et pendant ce temps expliquait dans le détail ce que les enfants subissaient lors de ces « mises à disposition ». Le jeune Lucien Bertin pleurait sur son banc.

— Je vais vous confier une dernière photographie. Elle est atroce, j'en conviens. On y voit les gosses sur un lit en présence d'un de ces êtres pervers dont on parle depuis plusieurs jours.

La tablette repartit dans son circuit devenu maintenant routinier.

— Observez bien, Mesdames et Messieurs, le plus important n'est pas au niveau des acteurs de la scène, mais c'est l'objet qui est sur la table de nuit, en arrière-plan. C'est une montre et elle appartient à la personne qui est derrière l'objectif. Elle est de grande valeur. C'est une Rolex Cosmograph Daytona. Son prix approche les quinze mille euros. Elle est même gravée d'un C, C comme Charles...

Le Procureur Général commençait à regarder dans toutes les directions, cherchant d'où pourrait venir son salut. Hugo se tourna vers Linda et lui dit à voix basse :

— Je crois que Trochu n'est pas à son aise. Il ne s'attendait pas à un tel discours de la part de la défense.

— En effet. Mais pourquoi est-il gêné de la sorte ?

— Je pense qu'il a reconnu sa montre. Toute la magistrature et tous les avocats connaissent le bijou en question, il l'a beaucoup exhibé. Son orgueil est en train de le perdre.

— Je crois que le jeune Bertin n'est pas à l'aise non plus, depuis quelques instants il se replie sur lui-même.

— C'est aussi mon avis.

La tablette parvint à Lucien. Il parcourut l'image des yeux. Il ne voyait que les enfants dans leur petite tenue sexy et ce bras qui s'avançait vers eux. Il posa la photographie devant lui, reprit son visage entre ses mains et hurla :

— C'est pas vrai ! C'est pas vrai ! C'est pas vrai !

— Mais, Monsieur Bertin, expliquez-vous !

— Je n'ai pas voulu tout ça ! Thierry m'avait fait

tabasser, c'était à cause de lui, vous comprenez ?

— Mais précisez vos propos. Dites-nous exactement ce qui s'est réellement passé. Vous êtes devant des jurés et des magistrats qui exigent la vérité !

— Quand mon père a appris, à cause du curé, que j'avais fauché le fric dans l'église, il a sorti sa ceinture. Il m'a frappé, frappé et encore refrappé. Il aurait dû prévenir les gendarmes plutôt que de laisser mon vieux me punir. Alors, je n'ai jamais oublié. C'était sa faute, c'est comme si c'était lui qui m'avait frappé. Mais, je regrette tellement !

— Merci, Monsieur Bertin, je note que vous revenez sur vos accusations !

— Lucien a craqué, confia Hugo à l'oreille de sa compagne. L'avocat du Père Thierry m'avait bien dit qu'il n'était pas très stable.

C'est alors que le Père Lamotte se leva et avant même que l'agent qui le surveillait n'intervienne, il se précipita à la rencontre du jeune Bertin afin de le consoler.

— Cet homme est un saint, hurla le défenseur, il a pardonné avant nous et nous avons failli le condamner !

Un murmure désapprobateur parcourut l'assistance jusqu'à ce que certains des membres du comité de soutien qui avaient pu pénétrer dans le tribunal se mettent à vociférer « Libération ! Libération ! » Le Président frappait frénétiquement son bureau avec son maillet sans succès en criant « Silence ! Silence ! ou bien je fais évacuer la salle ». La situation sembla revenir à la normale. Il intima l'ordre au Père Lamotte de retourner à sa place et à l'avocat, qui le réclamait, de poursuivre sa plaidoirie.

— Nous prenons acte du retrait de sa plainte par

Monsieur Bertin qui a réalisé, comme nous tous, la gravité des faits qu'il reprochait au prêtre ici présent. J'ajouterais que le propriétaire de la montre dont je vous parlais... mais, où est-il donc passé ?

Maître Cahuzac s'efforçait de trouver quelqu'un des yeux, sur les bancs, face à lui.

- Mais il est parti, mais où est-il ?
- Mais enfin qui cherchez-vous, Maître ? questionna le Président de la cour d'assises.
- Je ne vois plus le...

À cet instant, une déflagration se fit entendre dans les locaux derrière les magistrats.

- La séance est levée, cria le président, on évacue la salle.
- C'est Trochu, il s'est suicidé, confia Lagardère à sa compagne. Attends-moi dans l'entrée, je vais vérifier, mais je crois qu'il n'a trouvé que cette solution pour fuir le déshonneur.

Hugo prit sa carte dans sa veste, la présenta aux agents qui tentaient d'orienter les gens vers la sortie et franchit la porte derrière les magistrats. Le Procureur Général avait quitté sa toge et s'était tiré une balle en pleine tête, avouant ainsi ses crimes. Hugo revint auprès de Linda et lui confirma laconiquement :

- C'était bien lui ! Les petits sont vengés.

James out

Dans l'après-midi, Lagardère revint dans ses locaux. Gilbert se préparait à questionner James Virassamy.

- Qu'en est-il des doigts de sa main gauche ? demanda-t-il immédiatement.
- Rien ne parait anormal !
- Merde alors ! On se serait trompé ? Ce n'est pas possible, on a bien tout vérifié !
- C'est aussi ce que j'ai pensé.
- Allons le retrouver dans la salle d'interrogatoire.

Le rouquin était assis sur sa chaise, immobile, le regard dans le vague. Quand les deux hommes entrèrent, il réclama, dans un anglais très pur :

- Je veux être assisté par Maître Hubert Prat.
- D'accord, on va faire le nécessaire, répondit Lagardère dans la langue de Shakespeare qu'il avait du mal à ne pas écorcher.
- Je n'ai plus rien à vous dire.
- Montre-moi tes mains !

Virassamy souleva ses bras de chaque côté de sa tête. L'auriculaire gauche était bien complet. Le commissaire incrédule le fit raccompagner dans sa cellule en attendant l'arrivée de l'avocat.

- Qu'en est-il des autres hommes que nous avons interpelés ?
- Les deux neveux ne parlent qu'anglais pour le peu qu'ils veulent bien ouvrir la bouche. Quant au

chauffeur et au garde du corps, ils affirment être innocents de tout ce que l'on pourrait leur reprocher. En ce qui concerne la mort du procureur et de son concierge, personne n'est au courant, ils sont même étonnés.

— Et le petit jeune ?

— Il se plaint que les habits qu'on lui a donnés ne sont ni à son goût ni à sa taille. Il dit qu'il a été récemment embauché par le patron de « L'Antre du Corsaire » et qu'il ne connaît rien des habitudes de la maison.

— Si je comprends bien, nous avons pris d'assaut une chapelle plutôt qu'un bordel !

— C'est un peu ça.

— Les gars du labo sont encore sur place. Peut-être vont-ils nous aider un peu, ne serait-ce qu'en cherchant les traces d'ADN. Ces messieurs ont bien des brosses à dents ou des peignes, sinon on devra gentiment leur demander de se laisser passer un écouvillon dans la bouche.

— L'un n'empêche pas l'autre. Je veux un bilan médical complet de tous les suspects, groupes sanguins, radios et tout le tintouin. Fais le nécessaire pour que l'on ait toutes les autorisations. Si le Docteur Desgranges pouvait participer, cela serait un gage de sérieux des examens. Maintenant je me méfie de tout.

— Ok, je m'y colle.

Une heure plus tard, Virassamy patientait à nouveau en salle d'interrogatoire, mais cette fois-ci en compagnie de son avocat. Le commissaire arriva peu après.

— Merci, Monsieur Lagardère de ne pas nous avoir fait attendre. J'ai un rendez-vous dans exactement trente-deux minutes dans mon cabinet.

— Vous avez omis les secondes !

— Insolence !

— Je voudrais savoir où se trouvait Monsieur Virassamy dans la nuit du dimanche au lundi de Pâques vers deux heures du matin?

Le rouquin et son avocat échangèrent quelques mots.

— Il était dans les bras de sa maîtresse, Amanda Sanchez da Silva. Il dit que vous pouvez lui demander.

— Mais nous allons le faire. Donnez-moi les coordonnées de cette dame.

— Je crois qu'il nous faudra un interprète, fit le défenseur en regardant sa montre, j'ai du mal à cerner les propos de mon client. Il me répond en gallois, vous savez.

Lagardère sortit alors de la poche de sa veste quatre cartes uniformément colorées. Une rouge, une verte, une indigo et une bleue.

— Monsieur Virassamy, voulez-vous saisir la carte rouge, je vous prie.

Le rouquin hésita un instant et ramassa l'une d'entre elles.

— Excusez-moi, je vous ai demandé de prendre la carte rouge, pas la verte.

Le prévenu récupéra alors de la carte indigo sans attendre la traduction.

— Je vous remercie.

— Mais que signifie ce cinéma, questionna l'homme de loi ? Allez-vous cesser vos petits jeux infantiles.

— Auparavant, j'aurais aimé que Monsieur Virassamy accepte un prélèvement afin de réaliser son profil ADN.

L'avocat transmit la demande et effectua la même réponse :

— Je ne comprends pas ce qu'il me dit.

— Dans ces conditions, tous les examens seront faits sous la contrainte. Je contacte immédiatement le Procureur Auguste Charrier pour qu'il fasse le nécessaire. Vous pouvez considérer que votre client est d'ores et déjà en garde à vue pour un double assassinat : celui du Procureur Jean de la Porte et de son concierge Ahmed Béchir. Je ne parle pas encore des autres chefs d'inculpation qui vont venir compléter le tableau. Ceux de proxénétisme et trafics de substances illicites entre autres.

— Comme vous voudrez. Ce ne sera pas la première fois que vous regretterez vos décisions hâtives, Monsieur le Commissaire hors cadre !

— Vous n'aurez peut-être pas toujours la chance de vous retrouver en face du juge Andouard.

— Vous médisez, Lagardère.

Hugo ne releva pas l'insolence de l'avocat et sortit de la salle en donnant l'ordre à l'agent de service de ramener le rouquin en cellule dès qu'il en aurait terminé avec son défenseur.

Il rejoignit Gilbert dans son bureau :

— Tu l'as bien eu avec tes cartes de couleur. Je crois bien que Maître Prat lui-même n'a rien pigé.

— Il a compris, mais un peu tard. Il n'a pas pu trouver la parade. Virassamy est bien daltonien comme l'avait dit le généticien.

— Très fort le gars ! As-tu remarqué l'auriculaire gauche du rouquin ?

— Je n'ai observé que lui !

— Il portait une petite bague en argent, un genre de chevalière. C'est étonnant chez un type qui n'a aucun autre bijou sur lui.

— Tu as raison, un « pinky ring », comme disent les Anglais. Tente de le retenir encore quelques instants dans la salle d'interrogatoire. On va le bluffer.

Lagardère demanda que l'on installe un portique de sécurité en travers d'une des portes conduisant aux cellules. Quand Virassamy le franchit, l'alarme résonna. L'agent qui l'accompagnait appela un collègue pour l'aider dans sa surveillance. Il enleva ensuite les menottes du prisonnier et le pria de s'engager une fois de plus sous l'appareil. Celui-ci hurla à nouveau. Virassamy dut quitter sa ceinture et ses chaussures, mais le résultat fut identique. L'un des fonctionnaires lui fit alors signe d'ôter sa bague et lui demanda de la faire passer à l'extérieur du montant de l'engin électronique au moment où il le traverserait. Il s'exécutait quand Lagardère surgit, lui saisit la main droite et l'ouvrit sous la contrainte. Il y avait une phalange artificielle à l'intérieur.

— Vous n'avez pas l'autorisation légale ! hurla l'homme dans un français à peine teinté d'une intonation britannique.

— Je constate que votre amnésie linguistique n'a été que temporaire.

— Allez vous faire...

— Un chef-d'œuvre que ce doigt en silicone et quelle subtilité que de le fixer sur la bague ! Pas de raccord de maquillage et je ne parle pas du côté pratique !

— Sale flic de...

— J'ai un deal à vous proposer, ça vous dit ?

Virassamy réfléchit quelques secondes et finit par lâcher :
- Faut voir.
- Avec ou sans ton avocat. Mais je crois qu'il est indisponible.
- Faut voir...
- On retourne en salle d'interrogatoire. Je vais t'expliquer là-bas.

Les deux hommes s'installèrent face à face et quand le rouquin eut terminé de replacer sa phalange, Lagardère lui dit :
- Maintenant tu ne peux plus nier être l'auteur du meurtre de Jean de la Porte...
- J'avais grassement arrosé ce pourri pour qu'il épargne mon neveu et je crois que jamais il n'a été aussi agressif envers un accusé. C'était de la provocation et en plus il est venu me défier chez moi, dans mon établissement. C'était un être abject. On devrait me donner une médaille pour l'avoir éliminé.
- Tout à fait d'accord avec toi, mais en France on ne peut pas faire justice soi-même. J'en arrive à ma proposition : le juge va te mettre aussi sur le dos le meurtre d'Ahmed, le concierge du procureur. Sans doute ne tiens-tu pas à trinquer pour cela ?
- Que voulez-vous ?
- Le nom de ton bras.

Virassamy se concentra et lâcha :
- Le bras, comme vous l'appelez, c'est mon videur et l'instigateur c'est Trochu.
- C'est facile, il est mort hier matin.
- Non c'est la vérité. Il m'a expliqué qu'Ahmed m'avait peut-être aperçu le soir où le procureur a payé.

– Si tu me disais ce que tu sais sur le Procureur Général ?

– Ça dépend !

– De la façon dont je vais exposer ton cas ?

– Oui.

– Ok, je te promets de t'indiquer un élément pour ta défense qui vaut des années de taule en moins.

– Combien veux-tu pour cela ?

– Juste les détails des magouilles de Trochu

– Vous connaissez mes amis indiens de Kuala Lumpur, ceux qui se sont occupés d'Abdel, alors si...

– Je n'ai qu'une parole. Je t'envoie Cazeneuve pour enregistrer tes dires.

Lagardère s'absenta quelques instants pour rencontrer Cazeneuve qui suivait l'interrogatoire derrière la glace sans tain.

– Tu as entendu. Tu prends sa déposition et tu notes, sur un document séparé tout ce qu'il va te raconter sur le procureur général.

– Deux procès verbaux différents ?

– Non, la vie de Trochu n'intéresse plus personne maintenant qu'il est mort, alors tu transcris simplement ces éléments sur papier libre.

– S'il n'y a que cela pour vous faire plaisir.

– Je t'expliquerai. Excuse-moi, j'y retourne, j'ai encore quelques précisions à lui demander.

Lagardère repartit s'asseoir en face de Virassamy :

– Si j'ai bien compris, tu n'as jamais été dans les bras de ta maîtresse Amanda à deux heures du matin, c'était un alibi à la gomme.

– Cela aurait pu être le cas. À cette heure-là, j'étais

rentré chez moi depuis belle lurette. Ceci dit, je ne me voyais pas m'envoyer en l'air avec ma blessure qui me faisait un mal atroce.

— Parce que tu n'as pas tué le proc à deux heures ?

— Non, on s'est battus un peu après minuit. À deux heures, il avait rendu l'âme depuis longtemps. Encore eut-il fallu qu'il en ait une !

— Donc, c'est Ahmed qui, une fois de plus, avait raconté des salades. Mais pourquoi ce type mentait-il chaque fois qu'il ouvrait la bouche ?

— Il y aurait eu une manipulation là derrière que cela ne m'étonnerait pas. Cherchez qui tire les ficelles...

— Trochu ?

— Pourquoi m'aurait-il conseillé d'éliminer Abdel et son frère ?

— Je me demande si Satan a voulu accepter le Procureur Général dans son entourage, il a dû se sentir un peu surbooké après avoir déjà accueilli son copain. Bon, malheur à son âme. Demain, tu seras transféré au centre pénitentiaire de Gradignan.

— Cinq années sabbatiques...

— Au moins. Tu sais ce que vaut ton avocat...

— Oui, il est très très cher. Mais à la moindre erreur, je lui enverrai mes amis sikhs de Kuala Lumpur.

— Juste une dernière précision : comment as-tu fait pour soigner ta blessure ?

— Quand je suis rentré rue du Quai Bourgeois, les gars m'ont fait un pansement compressif sur mon doigt. Puis j'ai dû me changer, car ce salopard avait arrosé mon costard et, entre nous, je peux vous affirmer qu'il n'avait pas le sang bleu. Pas facile de se déshabiller avec une seule main et ensuite de faire l'inverse. Mes neveux m'ont aidé, mais ce ne sont pas des tendres, les mecs. J'ai bu deux ou trois verres et ils m'ont amené à l'aéroport. Je ne pouvais pas me faire soigner à Bordeaux, vous m'auriez trouvé tout de suite.

– Donc à trois heures tu t'envolais pour Londres pour qu'un médecin y suture ta blessure.

– C'est cela, en avion privé.

– C'est bien ce que m'a rapporté le patron de Locavia. Et là-bas on t'a fait une prothèse.

– C'est exact. Un spécialiste du silicone.

– Un chef-d'œuvre, je le reconnais. Tu as presque réussi à me bluffer. Je t'envoie mon adjoint pour qu'il recueille ta déposition et après tu regagneras ta cellule.

Une heure plus tard, Gilbert sortait de la salle d'interrogatoire et rejoignait son supérieur pour lui remettre les documents qu'il avait demandés.

– Je ne sais pas ce que vous lui avez promis, mais le mafieux s'est métamorphosé en mouton.

– Maintenant, je vais faire en sorte que tu ne retrouves pas mes cendres à la limite de la forêt landaise. Ferme la caméra et la sono de la pièce, j'en ai pour une minute.

Hugo revint se placer en face du rouquin et lui dit :

– Nous sommes entre gens de parole, alors je tiens la mienne, écoute-moi bien : il y a, dans la salle des séquestres, une dizaine de vidéos pédophiles que possédait Jean de la Porte. Je suis persuadé que ton avocat saura les utiliser pour justifier ton meurtre.

– Vous n'êtes pas gay, par hasard, Monsieur le Commissaire ?

– Non, pas encore.

— Dommage, j'aurais pu dire à mes chers neveux, qui vont certainement rouvrir « L'Antre du Corsaire » pendant mon absence, de vous offrir des compensations. Claude-Samuel ne restera pas très longtemps dans vos services.

— Il est déjà sorti.

— Si vous changez d'avis, faites-le-moi savoir...

Épilogue

Le lendemain soir, vers dix-neuf heures, Linda et Hugo se glissaient sous la voûte de la porte d'entrée de la Caussade. Quinze Côtes avait disposé, sur la terrasse, une grande desserte sur laquelle il avait placé des amuse-bouches aussi variés qu'appétissants.

- C'est pour notre prochaine union, cette magnifique table ? demanda Linda.
- Non le mariage, ce sera pour un peu plus tard. C'est simplement pour remercier toutes les personnes qui m'ont aidé depuis plus de cinq mois. Tiens, c'est justement Gilbert qui arrive avec Alexia.
- Ils sont bien habillés et s'accordent bien ensemble.
- Ils ont laissé leurs conjoints respectifs à la maison. Regarde celui qui entre là avec cette ravissante demoiselle que je ne connais pas, je vais te le présenter.

Ils s'approchèrent des nouveaux venus.

- Docteur Sébastien Laborde, généticien à l'université, mon épouse Linda.
- Pardon Commissaire, mais je viens de démissionner pour suivre les conseils de ma future épouse Nathalie que voici et je me lance dans l'activité libérale.
- Félicitations. C'est grâce à vous que j'ai pu cerner l'apparence de l'assassin que je recherchais. Et je vous en remercie. On se reverra un peu plus tard, si

vous le voulez bien pour notre problème de facture.

- Rien ne presse. Vous m'avez un peu mis le pied à l'étrier en m'incitant à faire de la génétique appliquée.
- Installez-vous, j'aperçois mon ami Paul Desgranges qui arrive. Bonjour Docteur, bienvenue à notre table. Mon petit doigt m'a dit que tu savais ce que j'avais fait de tes cultures cellulaires.
- En effet, j'ai rencontré François Labrit à la cafétéria. Il m'a confié qu'il avait un projet commun avec Laborde et qu'il travaillait sur la souche qui maintenant s'appelle Virassamy.
- Excuse-moi Paul, mais je crois que... non ce n'est pas possible... Monsieur le Préfet !
- Eh oui ! Lagardère. Mon rôle n'est-il pas de tout savoir ? À Fort-de-France où j'exerçais avant d'être envoyé à Bordeaux, ils me surnommaient Talleyrand ! Alors je me suis permis de venir voir mon ami Quinze Côtes que je connais depuis très longtemps. Bien entendu, tout ceci est pris en charge par mes services, votre travail s'est avéré remarquable.
- Merci, Monsieur le Préfet...
- Appelez-moi Martial, nous sommes entre amis, non ?

C'est alors qu'un jeune homme s'avança sur la terrasse, l'air un peu embarrassé, cherchant des yeux une personne familière.

- Steph, mon fils Stéphan, il y a si longtemps, mais par quel hasard ? Embrasse-moi !
- Bonsoir, Papa, je suis si heureux !

– Mais comment... toi là...

– C'est Maman qui a tout organisé avec Monsieur Cazeneuve et le Préfet. Sa voiture de fonction est venue me prendre à Hourtin il y a trois quarts d'heure à peine. Avec les motards devant, c'est quand même beaucoup plus rapide !

– Installe-toi, mon Chéri, c'est le plus beau jour de notre vie. Mais regarde qui arrive, mon journaliste préféré ! Comment vas-tu, Jean-Pierre ? Je te présente mon fils Stéphan, il est splendide n'est-ce pas ?

– Magnifique, comme ta femme d'ailleurs. Il lui ressemble aussi

Lagardère prit alors Lalanne par le bras et l'entraîna un peu à l'écart :

– J'ai demandé à Gilbert de recueillir les confidences de l'assassin du Procureur Jean de la Porte, avec tout ce que j'ai accumulé de mon côté, on a la matière pour un best-seller, ça te tente ?

– Pourquoi pas ? Tope là !

FIN

TABLE

Première partie

Le glas du Week-end

Deuxième partie

Kuala Lumpur

Troisième Partie

Retour perdant

Cet ouvrage a été édité par :
Thebookedition.com
113 rue Barthélemy Delespaul
59021 Lille CEDEX
-

4° trimestre 2015
-

www.ingramcontent.com/pod-product-compliance
Lightning Source LLC
LaVergne TN
LVHW051457080426
835509LV00017B/1785